SEM TEMPO PARA NADA

Dados Internacionais de Catalogação na Publicação (CIP)
(Câmara Brasileira do Livro, SP, Brasil)

Martino, Luís Mauro Sá
Sem tempo para nada : como tudo ficou acelerado, por que estamos tão cansados e as alternativas realistas para mudar / Luís Mauro Sá Martino. – Petrópolis, RJ : Vozes, 2022.

ISBN 978-65-5713-672-0
1. Administração de tempo 2. Filosofia – Aspectos sociais 3. Sociedade I. Título.

22-114040 CDD-101

Índices para catálogo sistemático:
1. Sociedade e filosofia 101

Eliete Marques da Silva – Bibliotecária – CRB-8/9380

LUÍS MAURO SÁ MARTINO

SEM TEMPO PARA NADA

COMO TUDO FICOU ACELERADO, POR QUE ESTAMOS TÃO CANSADOS E AS ALTERNATIVAS REALISTAS PARA MUDAR

— VOZES —
NOBILIS

Rua Frei Luís, 100
25689-900 Petrópolis, RJ
www.vozes.com.br
Brasil

Editoração: Maria da Conceição B. de Sousa
Diagramação: Sheilandre Desenv. Gráfico
Revisão gráfica: Rúbia Campos
Capa: Érico Lebedenco

ISBN 978-65-5713-672-0

Este livro foi composto e impresso pela Editora Vozes Ltda.

O tempo está fora do eixo.
Hamlet, ato I, cena 5.

Parte deste livro foi escrita durante alguns dos momentos mais delicados da pandemia da Covid-19, e manter o foco na escrita foi uma das maneiras encontradas para seguir em frente.

Se há um silêncio na página em branco, é dedicado a todas e todos que tiveram dificuldades para atravessar, e aos que não atravessaram.

A vida permanece, sempre.

Tudo vai ficar bem, e de todas as maneiras, em todas as coisas, tudo vai ficar bem.

Julian of Norwich, mística inglesa do século XIV.

Sumário

Introdução

Por que tanta pressa?

Você já teve a sensação de que o tempo está passando cada vez mais rápido? Ou de que está trabalhando cada vez mais para conseguir os mesmos resultados – ou menos? Parece que, de repente, os relógios se voltaram contra nós e o tempo se tornou um adversário, talvez o mais difícil de enfrentar. Até os momentos de lazer, o chamado "tempo livre", são cronometrados, e fazemos tudo com hora marcada, em agendas sempre lotadas.

Afinal, o que aconteceu com o tempo?

Esta é a pergunta desenvolvida ao longo dos capítulos de *Sem tempo para nada*.

O livro é uma introdução aos problemas relacionados ao tempo que enfrentamos todos os dias, como a pressa de fazer as coisas ou a aceleração das atividades cotidianas. E, principalmente, seus efeitos sobre nossa vida: a falta de tempo para cuidar de você, para estar com quem importa ou simplesmente aproveitar um momento de silêncio no meio do dia. Em termos mais graves, estamos falando de problemas de saúde física e psíquica decorrentes do aumento ilimitado do tempo de atividade.

No mercado editorial não faltam livros sobre o assunto. O tempo é um tema clássico da Filosofia, assunto por excelência da História, de onde vem a maior parte das obras a respeito. Além disso, existem muitos sites e vídeos *online* explicando como administrar o tempo para torná-lo mais produtivo, ou para gerenciar a carreira sem perder os momentos da vida pessoal.

A proposta aqui é outra

No lugar de esquemas ou fórmulas a respeito do controle do tempo, vamos entender o que está acontecendo para lidarmos melhor com ele. A partir disso, cada pessoa pode encontrar *sua* maneira de enfrentar o problema enquanto buscamos, como sociedade, caminhos para transformar essa situação – alternativas que levam em conta as possibilidades.

Sem tempo para nada entende o tempo como um problema social, e explica como as mudanças no ritmo de vida trazem consequências para toda a sociedade. Para isso, o livro mostra como o tempo foi apropriado pelos seres humanos milhares de anos atrás, ainda na pré-história, e se transformou na principal referência de nossas atividades. Calendários e relógios se tornaram marcadores essenciais da vida, desde os rituais mais simples, como a hora de acordar ou a data para celebrar um aniversário, até as grandes festas de nações ou grupos religiosos.

E mostra também como, nos últimos duzentos anos, estamos vivendo uma aceleração cada vez maior do ritmo de vida.

Questões do tempo estão presentes no cotidiano de todo mundo. O tempo é construído na relação entre as pessoas, um resultado de nossas escolhas como sociedade. E é como sociedade que podemos buscar alternativas para torná-lo novamente um aliado.

A pergunta a ser feita

A escrita deste livro nasceu de uma sugestão do meu filho Lucas, quando tinha 8 anos de idade. Estávamos falando sobre outro assunto quando, de repente, ele perguntou:

"Papai?"

"Fala, filhote."

"Por que você não escreve um livro sobre o tempo? Poderia chamar *Depois do futuro*, e mostrar como o tempo é diferente."

Essa conversa foi o ponto de partida para realizar uma ideia planejada há muitos anos: estudar o que fazemos com o tempo, retirando o assunto de suas questões mais abstratas e trazendo para nossa vida diária.

Duas perguntas estavam em mente: como tudo ficou acelerado? Por que estamos tão cansados? Elas nasciam de uma sensação cada vez maior de esgotamento que parecia se espalhar por toda a sociedade.

Na vida universitária, como professor, via jovens de 18 ou 20 anos exaustos, carregando responsabilidades de alguém com décadas de experiência e sendo igualmente cobrados por resultados (mas ganhando como estagiários). Em outro ponto da escala, jovens da mesma idade arriscavam cada segundo de seu dia sobre bicicletas ou motos, entre filas de automóveis em movimento, para receber por entrega.

No ambiente das organizações, encontrava pessoas permanentemente conectadas, com o olho no celular até em momentos de descanso. Acompanhava trocas de mensagens profissionais madrugada adentro, e me perguntava a que horas a pessoa dormia. A lista de exemplos poderia seguir.

E os relatos de *burnout*, mais e mais frequentes: de vez em quando a corda estourava para alguém. Lamentava-se por um minuto, ficava-se em silêncio pensando que estava difícil, meditava-se um instante no acontecimento e em seguida tudo era interrompido pela próxima notificação.

À medida que o tempo avança mais e mais rápido, a sociedade procura disfarçar sua passagem, produzindo novas memórias – e *selfies* – no apagamento, talvez involuntário, das anteriores.

Produtos e serviços são oferecidos para lidar com essas marcas do tempo no corpo, com tratamentos estéticos que prometem a eterna juventude (sintomaticamente, no dia em que completei 40 anos, 8 de novembro de 2017, recebi um *flyer* de uma loja sobre um tratamento prometendo eliminar os traços do tempo). A experiência real e inevitável da velhice, em muitos casos, é cuidadosamente apagada do imaginário.

O tempo está fora do eixo, ou somos nós, como sociedade?

Entendi a pergunta do Lucas como o incentivo para ir ao encontro desse assunto.

O problema era o nome do livro: *Depois do futuro* é título de uma obra do sociólogo italiano Franco Berti, e ser processado por plágio não estava nos planos. (A propósito, o livro de Berti é sobre um assunto totalmente diferente.) Durante um tempo pensei em chamá-lo de "Sociologia do tempo" ou "Os usos sociais do tempo", mas a proposta do livro não é acadêmica. Outro nome, "O tempo que desmancha no ar", ficou longamente sobre a mesa. Era mais poético, mas menos direto.

Sem tempo para nada

O título do livro apareceu, não por acaso, em uma simpática livraria no bairro de Pinheiros, em São Paulo. Estava conversando com a proprietária sobre novos títulos e indicações quando seu celular tocou. Ela rapidamente pegou o aparelho em cima do balcão do caixa, quase deixando cair na pressa, passou os olhos pela mensagem e disse: "Desculpe, vou ter que ver isso. Nossa, agora não consigo nem conversar com um cliente. Estamos sem tempo para nada!"

Estamos mesmo. Todo mundo está. O tempo se tornou um privilégio, um bem tão escasso que não faltam livros, cursos e vídeos *online* mostrando como dividi-lo no dia a dia e dar conta de todas as atividades. Cuidamos do tempo como um bem a ser investido e multiplicado, procurando esticá-lo ao máximo: e, assim como acontece com outros bens, às vezes o tempo acaba muito antes de conseguirmos fazer tudo o que precisava.

Por isso, talvez, sonhamos com o tempo lento, aquele que vai vir depois, das férias, da aposentadoria, de diminuir o ritmo e parar um pouco. Nosso imaginário do tempo está voltado para esse futuro quando, finalmente, teremos todos os momentos. "Ando devagar porque já tive pressa", canta Almir Sater na música *Tocando em frente*. Esperamos um dia andar devagar, porque hoje não dá, estamos com pressa.

"Em outras palavras, as pessoas sentem que não conseguem encontrar tempo para as tarefas e atividades mais importantes", explica a socióloga britânica Judy Wajcman. Para a pesquisadora da London School of Economics, "a pressão do tempo agora é uma experiência comum, mostrada pelo fato de que uma quantidade cada vez maior da população menciona a sensação de tempo curto".

Mas para que tanta pressa?

Ora, você vai responder, porque temos muita coisa para fazer. É o trabalho, são as exigências de prazos, metas a cumprir, resultados a obter, conseguir a promoção, publicar a notícia primeiro, investir enquanto está dando lucro, chegar no ponto antes do ônibus; cuidar dos pais, do irmão, dos filhos, levar à escola, buscar, ir ao médico, ver a lição, conferir se está tudo bem e correr se não estiver; ter tempo para namorar, para o marido, para a esposa: o amor sobrevive a muita coisa, mas não à falta de tempo.

E também os horários para cuidar de você, do corpo, da beleza e da saúde. (Ah, e estar ligado nas redes, postar a imagem da vida maravilhosa ou o desabafo sobre a realidade, responder as mensagens – urgentes, todas elas urgentes – que chegam.)

Paradoxalmente, procuramos resolver isso colocando *mais* compromissos em nossas agendas, encaixando o tempo para cuidar de você no meio de outras atividades, igualmente comprimidas. (Isso, bem entendido, para quem pode: a distribuição do tempo acompanha de perto as desigualdades sociais, ficando mais violenta conforme você risca privilégios da escala.)

A conta não fecha em 24h. Só conseguimos um equilíbrio precário acelerando todas as atividades, sabendo que algumas coisas vão ficar pelo caminho. E você que lute com a culpa de não conseguir o impossível.

A proposta do livro

O livro, como mostra o subtítulo, promete falar como tudo ficou rápido, de um lado, e porque estamos tão cansados, de outro. Os dois aspectos estão relacionados. O cansaço permanente é um dos resultados da aceleração da sociedade e da pressa para fazer tudo, inclusive nos momentos de diversão.

Mas como estudar isso?

Existem ótimos livros sobre o tempo. Vários clássicos da filosofia sobre o assunto, da *Física* de Aristóteles, na antiguidade, passando pelas *Confissões* de Santo Agostinho na Idade Média até chegar nos séculos XIX e XX com *Matéria e memória*, de Henri Bergson e *Ser e tempo*, de Heidegger ou *Tempo*, de Eva Hoffman, que buscaram entender o assunto.

A pergunta "O que é o tempo?" é uma das questões filosóficas mais antigas, e segue firme sem resposta há dois mil e quinhentos anos (o que dá uma ideia do tamanho do problema). Ao observar a mudança das coisas, os primeiros filósofos estavam prestando atenção na maneira como o tempo atua. A natureza tinha sua própria dinâmica - *dynamis*, em grego, significa "potência" ou "força". Heráclito, representante dessa aurora do pensamento grego, ficou conhecido por defender o movimento como a única constante no universo: "Não se pode entrar duas vezes no mesmo rio".

Outra área do conhecimento que estuda o tempo é a Física. Talvez a ideia mais famosa sobre o assunto seja a noção de Albert Einstein sobre a relatividade do tempo, mostrando que ele pode passar mais rápido ou mais devagar de acordo com as condições de quem observa.

Mas este livro não trata do tempo nem a partir da Filosofia (porque já existem muitos títulos a respeito) nem da Física (porque, como diz uma amiga, "tem números e eu sou de Humanas").

O ponto de vista aqui é estudar *o que fazemos com o tempo*, isto é, como vivemos essa experiência nas atividades do cotidiano. Ou, em termos mais acadêmicos, *os usos sociais do tempo*.

Não sentimos o tempo de maneira abstrata ou como uma entidade autônoma.

Sentimos, isso sim, a correria para dar conta de tudo, o prazo estourando, o olhar atento ao relógio. O tempo pode ser relativo quando viajamos próximo da velocidade da luz, como explica Einstein, mas meu problema é correr para alcançar o ônibus quando ele já fechou a porta e está indo embora do ponto (quem nunca?). Percebemos o tempo misturado com nossas atividades cotidianas, na demora da fila, na lentidão provocada pela aceleração – como todo mundo quer tudo para ontem, o resultado é aguardar sua vez antes de correr para a próxima espera, à toda velocidade.

Vamos entender como a vida ficou acelerada e porque estamos tão cansados a partir das nossas vivências cotidianas. Por isso, o livro é baseado em notícias, pesquisas sobre os usos do tempo e conversas nos mais diversos ambientes. E também a partir de exemplos tirados de filmes, livros e das redes sociais – a literatura, o entretenimento e a cultura pop são ótimas fontes de discussão sobre o assunto.

Este livro também traz histórias de pessoas e suas experiências com o tempo. Como se estivesse escrevendo uma reportagem, ouvi essas narrativas com cuidado e atenção, procurando compreendê-las em várias cores e nuanças. Os nomes, lugares, situações e todos os detalhes que não interferiam na compreensão da história foram alterados para evitar qualquer possibilidade de identificação. Trouxe, na medida das minhas limitações, essas experiências para o livro, mostrando os vários tempos nos quais vivemos.

Os usos do tempo diferem muito de acordo com seu gênero, cor da pele, etnia, faixa etária e classe social. Cada pessoa tem *uma* experiência do tempo, e a escrita deste livro foi um exercício de aprendizado, com outras pessoas, sobre os usos sociais do tempo.

Ao longo dos capítulos, vamos entender quatro características principais dessa aceleração, que acabam influenciando diretamente todas as nossas atividades:

Características da aceleração social

- É cumulativa: quanto mais rápidos ficamos, mais velozes precisamos ser.
- É contagiosa: quando parte da sociedade acelera, outras logo seguem.
- É mútua: demandamos mais velocidade uns dos outros no cotidiano.
- O tempo de produção marca o ritmo da vida.

Mas o que significa dizer que o tempo está acelerado? Afinal, uma coisa é falar que estamos com pressa; outra é entender como chegamos a esta situação e quais são os sinais disso em nosso cotidiano. Podemos notar isso a partir de cinco aspectos:

Como o tempo ficou acelerado

- Não há tempo vazio: todos os instantes são preenchidos.
- Tempo e espaço são anulados quando tudo é instantâneo.
- Aumento progressivo das demandas nas mesmas 24h de um dia.
- Extensão indefinida da jornada de trabalho.
- O tempo visto como quantidade, medido por produtividade.

A principal consequência você conhece: estamos cansados. É uma sensação diferente das outras porque é constante. Como diz uma das personagens que aparece mais para frente, é "um cansaço impossível de descansar". E isso tem algumas razões:

Por que estamos tão cansados

- Deixamos de lado os ritmos do corpo, normalizamos a conexão 24 horas.
- Lidamos com uma alta quantidade de informações, muitas delas desnecessárias.
- Perda da noção de urgência: tudo é para ontem, estamos sempre atrasados.
- Tempo livre planejado como produção de bem-estar.
- Breve duração da experiência: concentrar em ambiente de alta dispersão; postar muito, viver pouco.

Alternativas realistas existem, e algumas estão mais próximas do que parecem. Mas vale um cuidado para o adjetivo "realistas": trata-se de pensar em possibilidades de lidar com o tempo no confronto com as realidades de cada pessoa ou grupo. Há, nas Ciências Sociais, um certo desconforto em relação a fórmulas que podem ser aplicadas com sucesso a toda e qualquer situação, sem levar em conta as características de cada uma delas.

Algumas pessoas talvez possam jogar tudo para o alto e mudar radicalmente suas vidas para melhor, mas essa chance está longe de ser universal. É preciso distinguir exceções e possibilidades: você pode ler uma notícia sobre alguém que ficou milionário trabalhando duas horas por dia em sua casa à beira-mar, mas a pergunta é quantas pessoas poderiam seguir essa mesma trajetória. A transformação acontece quando o acesso a esse tipo de vida for possível para todo mundo.

O quadro completo de alternativas está no final do livro – temos uma jornada a percorrer antes de chegar lá.

Mas podemos adiantar algumas das propostas:

Alternativas
• Conhecer quanto tempo é mesmo seu e manter o controle sobre ele.
• Respeitar os ciclos do corpo, não glamourizar o excesso de atividades.
• Valorizar o tempo livre como momento de desconexão.
• Encontrar a ordem de importância das coisas.
• Mudar ritmos não é demorar ou deixar de fazer.

A ideia não é fazer um estudo detalhado de cada um, mas entender essas manifestações como sinais, ou, melhor ainda, sintomas, de fenômenos mais profundos. Organizados, eles revelam um panorama complexo, um mapa a ser decifrado. E, se conhecemos a fonte de um problema, podemos pensar nas ferramentas para transformá-lo.

Duas notas sobre a escrita

Ao longo do livro, por uma questão de leitura, não usei o padrão das normas acadêmicas ao fazer referências. Isso não significa a pretensão de um "pensamento original": ao contrário, no final do livro, indico as obras utilizadas na elaboração de cada capítulo – e, no caso de qualquer omissão, ficarei feliz de corrigir em uma próxima edição.

A proposta foi trazer os conceitos, quando possível, para um estilo mais próximo do coloquial, tentando manter a fidelidade ao pensamento de autoras e autores. O conhecimento pode falar todas as línguas e linguagens.

No início de cada capítulo, e em outros momentos importantes do livro, há trechos de poemas contemporâneos. Esses fragmentos capturam, na palavra poética, aspectos essenciais do tempo que nenhum conceito conseguiria explicar. A arte, como muita gente já disse, quase sempre está um passo à frente da ciência.

Outra coisa: as citações de trechos de músicas, filmes e livros não significam necessariamente apoio ou endosso, integral ou parcial, às atitudes, declarações e comportamentos de autoras, autores e demais pessoas envolvidas. Elas aparecem aqui por seu potencial para ajudar a entender o tema.

Os tempos de uma jornada

Eu sempre tive uma nostalgia infinita do tempo. Desde criança, às vezes, quando estava brincando, parava, olhava ao redor e pensava que aquele instante nunca mais iria se repetir. Era único, e não estaria de volta.

Nessas horas, me imaginava no futuro lembrando daquele momento, então irremediavelmente transformado em passado distante, pensando que ele havia terminado e estava perdido, exceto por aquela lembrança imaginária. Essa percepção me fazia sentir próximo da natureza do tempo, na qual cada fragmento trazia em si a potência do infinito. Nada era insignificante. Instantes moldam a vida, e era quase um dever aproveitar cada um deles.

Tempus fugit. O tempo foge, segundo um antigo provérbio latino. Perceber isso desde cedo deixou algumas marcas e perspectivas sobre a vida que duram até hoje.

Não era o único, mas teria que esperar décadas até encontrar alguém falando algo parecido com o que eu sentia: a filósofa inglesa Eva Hoffman, em seu livro *Time,* conta como sua percepção da passagem do tempo a intrigava desde criança, a ponto de deixá-la triste. Anos depois, em um livro de Daniela Altmayer chamado *O amor errado mais certo do mundo*, encontrei uma frase que resume isso, na p. 27: "Com o tempo eu aprendi que quanto mais o tempo passa, mais a saudade passa a fazer parte do meu tempo". Descobrir que você não está sozinho em suas preocupações é uma fonte de força para ser quem se é.

Era o momento de começar uma viagem pessoal sobre o tempo. "Uma viagem pessoal", é bom reconhecer os créditos, é o subtítulo da série *Cosmos*, uma das mais famosas produções de divulgação científica, apresentada nos anos de 1980 pelo astrônomo Carl Sagan. (O programa teve uma nova edição nos anos de 2010, apresentado por Neil DeGrasse Tyson, também astrônomo.) Assim como aconteceu com milhares de pessoas que assistiram a esse programa, entendi que aprender poderia ser uma aventura da imaginação – ágil, dinâmica e, por que não, divertida.

Parte de uma viagem pessoal, este livro mostra *uma* trajetória possível, que, se tem algum mérito, é o de estar aberto à dúvida, não o das certezas ou das conclusões definitivas. Toda pesquisa traz as marcas de quem escreve. É *um* estudo a respeito dos usos sociais do tempo, sem pretensão de ser *o* trabalho sobre o tema.

Agradecimentos

Um livro não chega às mãos de ninguém sem o envolvimento e o trabalho de muitas pessoas.

Todas as pessoas deixam fragmentos espalhados por aí, que podem se tornar sementes das mais importantes quando encontram com a gente. Agradecer a cada uma e cada um de vocês tomaria mais espaço do que este livro comporta, e não conseguiria fazer qualquer escolha sem me sentir profundamente injusto com qualquer pessoa deixada de fora.

Por isso, deixo um agradecimento inicial às minhas alunas e aos meus alunos, com quem aprendi a valorizar cada instante de um comentário, uma ideia ou uma pergunta. Espero, de verdade, que o tempo de cada aula tenha passado voando, para vocês, como parecia acontecer do meu lado do quadro.

Às amigas e amigos professores de várias universidades, pelas trocas, encontros e conversas nas quais nos lembramos porque escolhemos ser professoras e professores: a vontade de saber, o gosto de aprender, a necessidade de passar adiante.

Na Editora Vozes, os agradecimentos começam por Aline S. Carneiro, editora com quem comecei a trocar ideias quando o livro era apenas um projeto. Obrigado por acolher este e outros projetos com um olhar ao mesmo tempo sério e generoso. Ao conselho editorial, que apostou na publicação no selo *Nobilis*. Às pessoas responsáveis pela diagramação, porque um livro bonito valoriza o conteúdo, e pelo *design* da capa, por ajudar a destacar um título entre milhares de outros. E também às equipes da assessoria de comunicação e divulgação, nas pessoas de Natália França, Priscilla Alves e Anderson Rosário. E um agradecimento aos profissionais da gráfica, logística e livrarias.

Aos meus pais, Vera Lúcia (*in memoriam*) e Antonio Carlos, que trouxeram desde cedo a curiosidade para conhecer o mundo (e me deram de presente meu primeiro relógio digital aos 6 anos de idade), por todo o incentivo e todas as lições.

Para Anna Carolina, que leu e comentou a primeira versão deste livro, trazendo seu talento de escritora e editora para resolver páginas mais complicadas.

E ao Lucas, nosso filhote, pela ideia do livro e por deixar todos os momentos mais intensos, coloridos e luminosos.

1

Quando o relógio conquistou o tempo

A virada da aceleração

Os relógios são criaturas plausíveis às
quais entregamos começo e meio.
Relógio é ausência total de conjuração
é a âncora jogada num poço; é
a classificação do impositivo, é a
incapacidade para extravagâncias para
o risco.
Luci Collin. *Peça intocada, p. 63.*

Você já leu *A volta ao mundo em 80 dias*?

O livro do escritor francês Julio Verne conta a história de uma aposta que Fíleas Fogg, um fleumático cavalheiro inglês, faz com seus colegas do Clube Reformador, em Londres, sobre a possibilidade de dar a volta ao mundo. Quanto tempo alguém demoraria para completar essa jornada? "Bastam 80 dias", garante Fogg. O ano é 1872, e ele baseia sua aposta de 20 mil libras na tecnologia de ponta de sua época – estradas de ferro e navios à vapor.

Fogg estava certo: a velocidade dos transportes estava deixando o mundo menor. Além disso, o telégrafo permitia a transmissão de informações praticamente instantâneas entre pontos muito distantes do planeta. A Terra estava encolhendo.

Durante quase toda a História, a velocidade máxima da humanidade estava ligada ao quanto uma pessoa conseguia correr, a pé ou montada em um animal. Um ser humano, andando, tem uma velocidade média de 5km/h. A cavalo, em trote normal, pode chegar a 12km/h. Não deixa de ser espantoso pensar que quase todos os eventos da História aconteceram nessa velocidade.

A viagem de uma cidade a outra, distante 50km, poderia durar um dia inteiro a cavalo, vários dias de carroça ou a pé. O mundo era grande, e tudo era "longe". Algo é "perto" ou "longe" conforme o tempo necessário para percorrer a distância entre os pontos. O espaço se estica ou se dobra de acordo com o ritmo do tempo.

Esse cenário se transforma quando meios de transporte mais rápidos são desenvolvidos. E essa mudança tem data: no século XIX seres humanos começam a quebrar recordes de velocidade – um trem à vapor conseguia chegar à espantosa velocidade de 35km/h. Talvez pareça pouco aos olhos do século XXI, mas com isso você poderia percorrer aqueles mesmos 50km entre duas cidades em uma hora e meia.

As distâncias ficavam mais curtas enquanto a velocidade aumentava – e, com ela, o ritmo das atividades humanas. Você não precisava mais esperar dias ou semanas por uma carta, e o telégrafo sem fio criou uma rede *online* no planeta um século antes do primeiro e-mail ser enviado. Os lugares estavam mais próximos uns dos outros, e essa era apenas a ponta do iceberg pronto para se revelar ao longo do século XX.

O automóvel e os sistemas de transporte transformaram radicalmente a relação das pessoas com o lugar onde vivem. Não era mais preciso morar perto do local de trabalho: o transporte motorizado permitia atingir qualquer ponto da cidade em questão de minutos. A paisagem se modificou rapidamente para se adequar a esse tipo de transporte, com ruas e avenidas largas. O cenário geográfico passou a ser recortado por linhas de trem e estradas.

Com o avião a jato, o processo atinge um novo limite: atualmente, nenhum ponto do planeta está a mais de 24h de voo. Fíleas Fogg poderia estar de volta ao Clube Reformador dois dias após seu embarque. O sociólogo britânico David Harvey, em seu livro *A condição pós-moderna*, compara esse aumento de velocidade dos transportes nos últimos séculos:

Velocidade máxima de veículos

Data	Veículo	Velocidade máxima
Até 1840	Cavalos; carruagens, barcos a vela	16km/h
1850-1930	Trens; automóveis; barcos a vapor	100km/h
1950	Avião a hélice	640km/h
1960	Avião a jato	1.100km/h
1969	Apollo 11	4.300km/h
1973	Avião comercial supersônico	2.179km/h

Fonte: Adaptado de Harvey (1999).

A diminuição progressiva do tempo necessário para percorrer uma mesma distância tem um nome, que se tornou a principal característica da Modernidade: a *aceleração*. O aumento da velocidade dos transportes e das informações, somado a questões econômicas e políticas, começou a ter efeitos profundos no modo de vida de toda a sociedade. Mudou radicalmente nossa relação com o tempo e, também, uns com os outros.

A velocidade moderna

Mas não foi apenas a criação das estradas de ferro, navios a vapor, carros e aviões que transformaram o tempo. Trata-se, na verdade, de algo mais profundo: a preocupação com a velocidade é uma característica típica da *mentalidade* moderna. Aprendemos a cultuar a velocidade, a pressa e rapidez como alguns dos principais valores da sociedade.

Um dos poucos consensos que existem nas Ciências Sociais é que, a partir de meados do século XVIII, há uma transformação na sociedade ocidental à qual se dá o nome de Modernidade. O consenso termina por aí: não há acordo a respeito de quando ela começou, não se sabe exatamente se ela terminou. Algumas autoras e autores defendem que estamos na modernidade tardia, enquanto, para outros, a pós-modernidade começou nos anos de 1970. Para complicar, há quem diga que não chegamos sequer a entrar completamente na Modernidade.

Essas discussões poderiam ocupar congressos e seminários acadêmicos inteiros (e ocupam), mas, por hora, podemos trabalhar a partir do consenso: a partir do século XVIII, uma série de eventos modificou radicalmente as feições do mundo, criando a sociedade na qual vivemos hoje.

Muitas das ideias contemporâneas, como as noções de democracia, igualdade, liberdade de expressão e direitos humanos são frutos da Modernidade. Seus ideais, em alguma medida, foram incorporados por diversos povos, e figura nas constituições de vários países. Os principais sistemas políticos e econômicos vigentes, a democracia e o capitalismo, são criações da Modernidade, assim como sua crítica, como a organização do trabalho e as lutas por igualdade, justiça e melhores condições de vida.

Há um crescimento sem precedentes das cidades, em um processo de urbanização constante, ligado ao surgimento das indústrias e da consolidação de uma economia centrada na produção e circulação de mercadorias.

Esse período marcou a passagem de um tempo lento, organizado segundo os fluxos da natureza, para a complexidade de um tempo acelerado, moldado no ritmo da técnica.

Na Modernidade, o tempo se torna quantidade pura. Deixamos de ver o tempo como qualidade, destacando as características que fazem um momento ser especial. Por isso, ele pode ser facilmente convertido em outra quantidade, levando à ideia de que "tempo é dinheiro". Talvez esteja na hora de retomar suas características de qualidade e, a partir disso, aprender a valorizar cada momento não em termos de quanto ele pode gerar, mas do que ele significa para nós.

Mas estamos indo rápido demais para um livro sobre o tempo. Vamos contar melhor essa história para ver como a Modernidade mudou o que entendemos a respeito disso.

O tempo lento pré-moderno

Durante a maior parte de sua história, nossa espécie viveu de acordo com os ciclos da natureza.

O dia de trabalho começava com o nascer do Sol e se encerrava ao anoitecer. O período de trabalho variava de acordo com a época do ano: trabalhava-se mais no verão do que no inverno. Não havia como trabalhar de noite, pois mesmo as melhores velas, feitas de cera de abelha, não ofereciam nada além de uma luz fraca, insuficiente para permitir atividades muito precisas ou detalhadas.

Havia épocas do ano definidas para plantar e para colher, e isso condicionava também a circulação desses produtos pelas rotas de comércio. Os caminhos eram geralmente de terra, acompanhando a geografia dos terrenos, fazendo de qualquer viagem uma grande aventura.

Lugares mais distantes estavam a anos de distância, mais ou menos como, hoje em dia, pensamos em termos de viagens espaciais. (Fora o Sol, a estrela mais próxima da Terra, convenientemente chamada de Próxima Centauri, está a cerca de quatro anos-luz de distância, algo em torno de 40 trilhões de quilômetros. Escrevendo em algarismos fica mais impressionante: 40.000.000.000.000km.)

Não por acaso, relatos de viagens, como o *Livro das maravilhas*, escrito pelo mercador genovês Marco Polo, despertavam a curiosidade e a imaginação: o mundo era grande, muito grande. Raramente alguém conseguia fazer uma viagem dessas e voltar para contar a história.

As cidades, mesmo as maiores, reuniam no máximo alguns milhares de habitantes. As estimativas variam, mas, até Roma, no auge de seu poder como capital do Império Romano, talvez não tenha chegado a um milhão de habitantes. Na Idade Média, poucas cidades ultrapassavam uma população de mais de 10 mil pessoas. As rotas de comércio eram vagarosamente percorridas por caravanas em animais de montaria, podendo levar semanas para ir de uma grande cidade à outra e meses para atravessar um país.

As notícias demoravam para chegar de um lugar a outro, e a maior parte da população vivia praticamente sem saber muito a respeito do que acontecia apenas a alguns quilômetros além dos limites de sua cidade. As informações eram transportadas por mensageiros, geralmente a serviço dos governantes locais, transmitidas nas igrejas ou compartilhadas por comerciantes que, junto com as mercadorias, levavam novidades de uma cidade para outra. No geral, você poderia ficar semanas sem ter qualquer informação a respeito de qualquer coisa fora de seu círculo familiar ou de vizinhos mais próximos.

A partir do século XVI, começa um movimento de mudança que iria alterar profundamente esse cenário. Vários fatores contribuíram para isso e nenhum deles, isolado, explica os acontecimentos.

O primeiro foi o Renascimento, movimento de retomada da cultura greco-romana iniciado nas cidades do norte da península italiana. Impulsionadas pelos lucros do comércio com o oriente e pelo poder de seus dirigentes, cidades como Gênova e Veneza, mas também Pisa, Siena e Florença testemunham um crescimento não só no número de habitantes, mas também em sua importância artística e cultural. Novas ideias logo se espalham por outras cidades da Europa. Entre elas, a valorização do ser humano como centro do universo e a ascensão do comércio como fonte de lucro.

A chegada dos europeus à África e à América iniciou um período de dominação colonial, alterando as linhas de poder na Europa, com a formação dos impérios de Portugal e Espanha. A exploração das "novas" terras, tanto na América quanto na África e na Ásia, levaria a um crescimento econômico também de outros países, como a Holanda, a França e a Inglaterra – ligado, vale recordar, à exploração dos povos originários do continente americano e da escravização de africanos.

Finalmente, a invenção da prensa mecânica por Johannes Gutemberg. Pela primeira vez na história do ocidente, ideias poderiam circular em grande escala. A página impressa se torna um símbolo desse período: livros e jornais apresentam ideias novas sobre o mundo, e, mesmo considerando o baixo índice de alfabetização da época, o resultado é um aumento sem precedentes na quantidade de informações em circulação.

A aceleração do tempo nas cidades

O que tudo isso tem a ver com o tempo?

A resposta curta: nossa percepção do tempo varia de acordo com a quantidade de informações com que precisamos lidar a cada momento. Quanto mais eventos acontecem, mais novidades ocupam nosso tempo, e temos a sensação de uma compartimentação dos instantes. O tempo acelera.

Um exemplo poder ajudar a entender melhor esse efeito.

Imagine que você estuda ou trabalha na capital de um estado, uma cidade com cinco milhões de habitantes.

A cada quinze dias, volta para sua cidade natal, na qual moram 30 mil pessoas. Talvez você tenha uma estranha sensação de que lá o ritmo é "mais lento", "mais calmo", como se o tempo passasse mais devagar.

Ao retornar para a capital, há uma súbita sensação no sentido contrário: uma aceleração imensa. Em uma grande cidade muita coisa acontece, e mesmo que boa parte delas não nos diga respeito, precisamos estar informados do que está havendo.

Pense, por exemplo, quanta coisa você precisa saber para ir de casa até seu lugar de trabalho em uma cidade com milhões de habitantes: qual transporte pegar, onde subir e onde descer; saber se tudo está funcionando e as alternativas se algo der errado; estar preparado para um excesso contínuo de pessoas querendo fazer tudo ao mesmo tempo – então é bom também contar com filas e congestionamentos. Enquanto tudo isso acontece, seu *smartphone* pontua o tempo com notificações e demandas por respostas.

Essa sensação de pressa infinita é um dos sintomas da vida atual, mas essa história começa bem antes.

O relógio entra em casa

Essas mudanças da Modernidade exigem precisão e dados exatos. Daí a invenção ou aperfeiçoamento de instrumentos de precisão, como o microscópio e o telescópio. A Modernidade é um período de desenvolvimento da técnica: os instrumentos traduzem a realidade em números, cada vez com mais detalhes.

E, principalmente, relógios mecânicos. Eles substituem os antigos marcadores de Sol ou de água, e indicando, cada vez com mais detalhes, as horas, minutos e segundos. O tempo pré-moderno, marcado pelo movimento do Sol e da Lua ou pelo sino da igreja, perde seu lugar para o relógio da fábrica, responsável por dividir os horários de maneira mais técnica e precisa.

Os relógios invadem o ambiente doméstico, na Europa, a partir de 1600. Reservados ainda às casas mais ricas, como um item de luxo, mostram como a necessidade de saber qual era o horário passava a ocupar um lugar importante nas preocupações das pessoas.

A partir da revolução industrial, era preciso ter a medida do tempo, literalmente, sempre à mão: os relógios não só ocupam um lugar cada vez mais privilegiado nas casas como também passam a ser portáteis, com o desenvolvimento dos relógios de bolso.

Quem conta isso são Beatriz Ana Lorner e Lorena Gill, pesquisadoras da Universidade Federal de Pelotas (RS), em um estudo sobre a profissão de relojoeiro. Elas destacam também que o relógio está sendo cada vez mais incorporado a outros aparelhos. Segundo as autoras, "a nova tecnologia digital permite colocar mecanismos de contagem dos minutos e dos segundos em uma dezena de objetos, muitos dos quais não têm por função primeira mostrar o tempo, servindo a função relógio apenas como adorno ou mais uma utilidade".

E, a partir do século XVI, os relógios dominam a cena.

Literalmente: como mostra a pesquisadora Isabel Hargrave Silva, da Universidade Estadual de Campinas (Unicamp), analisando pinturas do Renascimento, os instrumentos de medição do tempo ganham cada vez mais importância nos retratos do período. Estudando o quadro *Retrato do Cardeal Cristóforo Madruzzo*, de Ticiano, ela mostra como o relógio, de coadjuvante, acaba ganhando a cena na pintura: "Num movimento, o cardeal abre a cortina e revela o precioso relógio mecânico, em forma de torre, dourado e adornado ricamente, sobre uma pequena mesa onde também estão dispostas folhas de papel, hoje ilegíveis". E vai mais longe: "O modelo encara o espectador com um olhar que revela o relógio como verdadeiro tema do quadro".

Não há mais dúvida de quem é o protagonista.

A Revolução Industrial

Houve uma mudança econômica decisiva na Modernidade, em curso desde o final do século XVII. A Revolução Industrial, iniciada na Inglaterra, trouxe uma concepção de economia baseada na produção e venda de mercadorias em grande escala, elaboradas com o auxílio de máquinas em fábricas especializadas.

Inicialmente ligada à confecção, a industrialização se tornou dominante em quase todos os outros setores da economia, consolidando rapidamente um sistema econômico no qual a mercadoria, e sua conversão em dinheiro mediada pelo trabalho, era central – o capitalismo.

Enquanto a economia, até o final da Idade Média, era baseada sobretudo na agricultura e na renda produzida pela terra, a partir da Revolução Industrial a riqueza passa a ser medida pelo capital gerado, condição que torna os proprietários da indústria progressivamente mais poderosos.

Junto com os comerciantes, responsáveis pela venda das mercadorias, eles logo se tornaram uma classe, a burguesia. O nome "burguês", originalmente, não tinha nada a ver com dinheiro ou poder, e simplesmente designava os moradores de uma cidade – "burgo", do inglês *borough* e do alemão *burg*, "cidade". Um "burguês", portanto, era o "habitante da cidade", em oposição ao camponês.

Como a industrialização é um fenômeno urbano, o termo "burguês" passa a ser associado, nas análises de Karl Marx e Friedrich Engels, ao proprietário dos meios de produção. Ele agora se opõe ao proletário, a pessoa que, sem dispor dos meios, é levada a vender sua força de trabalho como forma de sobrevivência.

A Modernidade não deixou de ter diversas contradições desde o início.

Não é coincidência que Marx, em *O capital*, e também no *Manifesto comunista*, escrito em parceria com Engels, tome como principais exemplos as condições de trabalho nas indústrias inglesas. Aliás, é Engels, com seu livro *A condição da classe trabalhadora na Inglaterra*, quem denuncia, com todas as tintas, a situação de miséria vivida pelos operários ingleses, e o quadro não era muito diferente em outras grandes cidades da Europa.

Turnos de até 14 horas por dia, exploração do trabalho de mulheres e crianças (ganhando, respectivamente, metade e um quarto do salário de um homem pelo mesmo período de atividade) em condições extremas, sem nenhum tipo de direito ou segurança, se tornam comuns a partir da Revolução Industrial.

O tempo ininterrupto da Modernidade

Modernidade significa uma radical modificação na relação da sociedade com o tempo. Falar em um "mundo moderno" evoca a velocidade e a aceleração no ritmo da máquina. O filme de Charles Chaplin no qual a personagem principal é engolida por um conjunto de engrenagens se chama, justamente, *Tempos modernos*.

Filmado em 1936, o nome indica a percepção das principais características desse período, levado ao paroxismo quando o simpático personagem vivido por Chaplin se perde em meio a botões, painéis com luzes coloridas, alavancas e engrenagens. Se, na sua imaginação, você substituir esse cenário por equipamentos *touchscreen*, os botões coloridos por aplicativos e as alavancas pelo movimento dos dedos em um teclado de computador, o filme se mostra perturbadoramente atual.

O turno da fábrica se torna, naquele momento, a medida de tempo para milhões de pessoas nas grandes cidades, dentro de uma produção ininterrupta de mercadorias. Em algumas indústrias, os turnos eram de 24 horas, e a produção nunca parava: grupos de trabalhadoras e trabalhadores se sucediam na operação das máquinas, de maneira que a jornada do tempo, antes definida pelos ciclos de dia e de noite, passou a ser regida pelas então nascentes métricas de produção. O tempo foi compartimentado em intervalos cada vez mais curtos, alternando períodos de produção com o mínimo de descanso antes de um novo ciclo.

Mais do que nunca, a partir da Revolução Industrial, "tempo é dinheiro", e essa equação iria fazer parte do imaginário de parte da Modernidade pelos próximos dois ou três séculos.

Produzir mercadorias é apenas uma parte do processo: é necessário também distribuí-las, e sua circulação precisa ser garantida – de preferência, antes da concorrência, em uma procura constante por mercados novos. Os bens precisam circular rapidamente, porque amanhã pode ser tarde demais e outra indústria pode tomar seu lugar.

O tempo ininterrupto da mercadoria se torna um dos principais tempos da modernidade, e a aceleração geral das atividades passa a ser a regra de toda a sociedade. Isso leva a uma progressiva aceleração de todas as atividades, instituindo, ao menos em parte, nossa relação atual com isso: o tempo curto da produção se torna a regra de todas as atividades sociais e, de certa maneira, define até mesmo nossa relação com os momentos de descanso, transformado agora em "tempo livre" em contraste com o "tempo de trabalho".

Judy Wajcman, da London School of Economics, lembra que, "com a conectividade ubíqua e persistente, ou com a capacidade dos celulares de estarem sempre conectados (*always on*), o que chamávamos de 'tempo morto' agora está saturado de comunicação". Como indica a pesquisadora, agora podemos fazer um "uso 'produtivo' do tempo em espaços como aeroportos, carros, metrôs e cafés telefonando, enviando mensagens de texto e, cada vez mais, acessando seus e-mails e informações".

Racionalidade e tempo

Em seu livro mais conhecido, *A ética protestante e o espírito do capitalismo*, o sociólogo alemão Max Weber mostra de perto algumas das principais transformações do tempo na Modernidade e, em particular, como elas estão ligadas diretamente ao surgimento do capitalismo como sistema econômico predominante.

Weber não quer mostrar uma relação direta, de causa e efeito, entre ambos, como se o protestantismo tivesse sido a "origem" do capitalismo. Seu objetivo é mostrar como a "ética protestante", isto é, o modo de ser e de viver que resulta de algumas questões doutrinárias e práticas do protestantismo, foi responsável por criar as condições que permitiram o desenvolvimento do capitalismo.

Não se trata de nenhuma religião protestante em si, mas do "modo de viver" ou "modo de conduta" ligado, em sua origem, ao protestantismo – você não precisa ser protestante para adotar uma "ética protestante": Weber se refere a um jeito de ver o mundo e de se situar nele do que propriamente em uma crença religiosa.

O tempo de trabalho

Por isso, Weber não fala diretamente em "protestantes", ou nesta ou naquela denominação, mas em "ética protestante" de uma maneira geral. O "espírito do capitalismo" encontra no protestantismo apenas seu modo de agir, não crenças ou dogmas particulares.

Um exemplo disso é uma frase do político norte-americano Benjamin Franklin, citado algumas vezes por Weber em *A ética protestante e o espírito do capitalismo* como um exemplo desse modo de pensar. A frase é um antigo provérbio, encontrado anteriormente em várias versões, mas ganha sua forma mais conhecida em um texto publicado por Franklin em 1735: "Early to bed, early to rise, makes a man healthy, wealthy and wise" ("Dormir cedo e acordar cedo tornam o homem saudável, rico e sábio", em tradução livre).

Mas o melhor exemplo, como sempre, talvez venha da literatura.

Você talvez já tenha ouvido falar de *Um conto de Natal*, do escritor britânico Charles Dickens. Mesmo quem não leu o original provavelmente já assistiu a alguma adaptação: dentre as mais famosas, está uma protagonizada pelo Tio Patinhas, da Disney, na pele do sovina, desiludido e mal-humorado Mr. Scrooge (no original norte-americano, aliás, o nome do Tio Patinhas é Uncle Scrooge, inspirado na personagem de Dickens).

No conto, estamos na Inglaterra vitoriana, em algum ponto do final do século XIX. Scrooge, um homem de negócios preocupado apenas com o lucro e com a economia, recusa-se a comemorar o Natal. Seu tempo está integralmente voltado para as atividades de trabalho e para o ganho decorrente delas, e não há espaço para mais nada.

As comemorações ao seu redor não dizem a mínima para ele, que vai para casa contrariado por tanta alegria, um desperdício de tempo e dinheiro. Na hora de dormir, é visitado por três espíritos: o "espírito do Natal passado", que o recorda dos Natais felizes de sua infância; o "espírito do Natal presente", falando sobre os acontecimentos ao seu redor, e o "espírito do Natal futuro", entidade sombria, nada menos do que o resultado das ações de Scrooge negando o tempo de Natal. Ele acorda preocupado e muda sua postura em relação aos negócios e ao Natal. Há coisas, aprende, mais importantes do que o dinheiro.

A racionalidade das atividades

Essa racionalização se torna a chave para compreender o tempo na Modernidade – organização para conseguir a maior produtividade. O tempo é voltado para uma finalidade prática; outros usos do tempo fora dessa racionalidade tendem a ser considerados irrelevantes.

A fixação dos tempos de atividades levando em conta os resultados, e não necessariamente os processos, é um dos indícios típicos da racionalização.

Existem pesquisas sobre o aproveitamento de estudos, por exemplo, mostrando os efeitos potencialmente negativos das aulas começarem nas primeiras horas da manhã, quando, biologicamente, o corpo ainda não está preparado para qualquer atividade cognitiva mais intensa.

No entanto, diante da necessidade de racionalizar o tempo de estudos, o fator biológico é deixado de lado em prol de uma utilização estendida do horário.

Paradoxalmente, levada às últimas consequências, a racionalização pode levar a tomadas de decisões ilógicas em relação aos usos do tempo - por exemplo, como uma extensão cada vez mais prolongada da jornada de trabalho para aumentar a produtividade às custas da saúde física ou mental da pessoa.

O exemplo do horário escolar pode se encaixar aqui também.

Nos anos de 1980, era relativamente comum que crianças de famílias de classe média tivessem seu tempo fora do horário escolar preenchido com diversas atividades, como práticas esportivas, aprendizado de línguas estrangeiras e, em menor escala, artes. Em alguns casos, chegava-se a uma situação na qual a agenda de uma criança de 9 ou 10 anos era ocupada com a mesma escalada de atividades de um adulto, com todos os contraturnos do horário escolar ocupados.

Podemos abolir o tempo?

No norte da Noruega, já dentro do círculo polar ártico, fica a vila de Sommaroy, um lugar particularmente bom para ver auroras boreais, as luzes coloridas que aparecem no céu quando o plasma solar entra em contato com o campo magnético da Terra. A cidade também é conhecida por outro motivo: em 2019, em uma avançada jogada publicitária, a cidade divulgou planos para ser a "primeira área livre de tempo do planeta".

A ideia seria eliminar a contagem das horas no lugar, tirando o lugar privilegiado que os relógios ocupam há séculos na sociedade.

Existe uma boa razão para isso: por sua proximidade com o polo norte, os dias e noites lá podem durar meses. Todos os anos, na manhã de 18 de maio, o Sol se levanta e fica acima do horizonte por quase setenta dias, até, finalmente, se pôr em 26 de julho. Sommaroy experimenta longos períodos de luminosidade e escuridão, que foram o pretexto para a ideia de divulgar a cidade como um lugar "livre do tempo".

Mas seria possível, de verdade, nos livrarmos do tempo do relógio?

A resposta mais curta é "não". A proposta da cidade era que, sem horários controlados pela diferença entre dias e noites, cada pessoa organizasse suas atividades do modo como bem entendesse, descansando ou trabalhando quando quisesse. A ideia foi uma boa ação de marketing, mas seria impraticável na vida real.

Que horas são?

Aqui em casa, durante muito tempo, tivemos um problema muito curioso.

O relógio do micro-ondas estava sempre adiantado em relação ao da televisão da sala. Podia acertar os dois, mudar de posição, tentar sincronizar, nada. Durante alguns dias eles ainda marcavam a mesma hora, mas logo os minutos saiam de compasso. 1, 2, 4, 6 minutos adiantado em uma semana. A sala de casa estava sempre mais lenta do que a cozinha.

Fiquei algum tempo me perguntando qual seria a causa disso. Os dois estavam ligados na tomada, por isso a ideia mais simples, trocar as pilhas, não adiantava aqui.

Duas hipóteses: primeira, a sala da minha casa estava viajando próxima da velocidade da luz, quando, segundo Einstein, o tempo passa mais devagar (pouco provável); segunda, o relógio do micro-ondas estava com defeito (muito provável).

Só fui entender o que estava acontecendo quando li *Uma pequena história do tempo*, de Leofranc Holford-Strevens, um livro de introdução aos problemas do tempo. Ele explica que relógios de precisão absoluta, mesmo, só os atômicos, capazes de manter exatamente a mesma medida durante séculos, sem variar nem um décimo de segundo. Todos os outros, por melhores que sejam, apresentam pequenas variações – por isso é muito raro, diz, que dois relógios diferentes marquem exatamente a mesma hora.

O problema, no entanto, é saber *que horas são*. No cotidiano apressado, 5 ou 6 minutos podem ser a diferença entre chegar ou não a um compromisso ou embarcar em um ônibus. Perdi a conta de quantos sustos tomei quando, na pressa do dia a dia, olhava de relance para o relógio adiantado e pensava "Céus, já é essa hora? Estou atrasado!" até passar pela sala e ver que ainda tinha 5 ou 6 minutos.

O tempo do relógio é um polo de coordenação das atividades sociais, criando um único horário para toda a sociedade. Essa medida compartilhada torna possível a realização de atividades que não acontecem no mesmo lugar – por exemplo, para calcular o tempo de uma viagem, tanto o local de partida quanto de chegada precisam usar o *mesmo padrão de tempo*. Como nosso relógio biológico não é preciso o suficiente, e nem poderia ser, precisamos de uma medida válida para todas as pessoas.

Estamos habituados desde pequenos a essa medida social do tempo, e qualquer diferença é imediatamente notada ("seu relógio está atrasado!"). A realização de inúmeras atividades requer um tempo coordenado. Em uma escola, por exemplo, essa coordenação define não só horários de entrada e saída, mas a duração dos turnos e até a ida das turmas para o recreio.

Viver no mesmo tempo das outras pessoas é uma peça fundamental para a realização de qualquer atividade. Para isso, é importante pensar que o relógio permite a *sincronia* de nossas ações – do grego, *syn*, "junto", e *chronos*, "tempo".

Racionalidade e precariedade

A Modernidade trouxe consigo conquistas fundamentais que moldaram nossa maneira de ver o mundo e, de fato, buscaram tornar mais justa a relação entre os seres humanos. Fica a ideia de tomar cuidado com o excesso: na frase do pintor espanhol Francisco de Goya, "el sueño de la razón produce monstruos" ("o sonho [ou "o sono"] da razão produz monstros").

Mas nem sempre o tempo ganhou de nós. No começo, milhares de anos atrás, nossa espécie travou uma luta pela sobrevivência na qual o principal desafio era dominar o tempo. E vale a pena contar essa história.

2
Como domesticamos o tempo

Perdoe-nos, poeta
mas hoje vivemos num tempo
de tanta pressa e tão pouca virtude
de desejos tão rasos e dizeres tão rudes
que das costelas fez-se grades
do corpo, o próprio leito:
viver agora é estar preso dentro do peito
Ju Blasina. *8 horas por dia, p. 19.*

Anos atrás, quando meu filho tinha um ano e meio, tive uma oportunidade de viajar a trabalho para o Reino Unido e, aproveitando um contexto favorável, ele e minha mulher foram comigo. O planejamento demorou alguns meses, mas encontramos vários lugares onde ele poderia se divertir. Se você está com um nenê do outro lado do planeta, é bom deixar tudo preparado.

Um dos pontos de parada era o Museu de Ciências de Londres. Pode não parecer a primeira opção de programa divertido para alguém da idade dele naquela época, mas a proposta do lugar era deixar as crianças mexerem em tudo, fazer experiências e tocar em todos os objetos.

A melhor surpresa, no entanto, estava no segundo andar.

Lá fica o Museu dos Relógios. Como o nome diz, é uma imensa coleção, desde os primeiros modelos conhecidos de relógios de Sol e de água (chamadas *clepsidras* ou "ladrão de água", do grego *kleptos*, de onde vem nossa palavra "cleptomania"), passando por modelos de corda e pêndulos de vários tamanhos até chegar nos tipos contemporâneos. Essa variedade, espalhada ao longo de mais de mil anos de história, só mostrava uma coisa: a preocupação humana em entender a passagem do tempo.

Nossos ancestrais aprenderam a medir o tempo por uma questão de sobrevivência. Foi há uns dez ou doze mil anos, no final da Idade da Pedra, em um período chamado Neolítico. Nossa espécie deixou sua vida nômade de caçadores e coletores para se assentar em alguns lugares. Em vez de pegar o que a natureza oferecia, começamos a cultivar o solo. Descobrimos a agricultura e a criação de animais, assim como as vantagens de viver em habitações mais confortáveis do que cavernas (embora falar de "conforto" naquela época seja bastante relativo).

Para isso, em primeiro lugar, era preciso observar com cuidado os ciclos naturais. Os outros animais podiam sentir a passagem das estações, e a natureza os preparou para sobreviver, tendo filhotes na primavera, migrando ou hibernando em épocas muito frias. Para os humanos, no entanto, as coisas eram mais complicadas: nosso corpo não tem praticamente nenhuma das defesas naturais dos outros animais. Nossa única vantagem é um cérebro mais complexo. No Neolítico, mais do que nunca, era hora de usá-lo.

Duas de nossas principais características já estavam plenamente desenvolvidas nessa época: a capacidade de perceber padrões e estabelecer comparações, de um lado, e de formar representações, de outro. Essas duas competências não eram novas: desde o início da Idade da Pedra, nossos ancestrais desenhavam nas paredes das cavernas, mostrando a capacidade de representar, por meio de desenhos, o que havia acontecido durante o dia. Não é muito diferente de quando desabafamos em uma rede social depois de uma semana complicada no trabalho: a mudança é apenas de atividade – você provavelmente não ficou caçando bisões com uma lança de pedra.

A capacidade de reconhecer padrões e representá-los foi crucial para começarmos a medir o tempo. A natureza tem ciclos definidos, e parte deles acontece com uma espetacular regularidade. Todos os anos as estações se sucedem, mais ou menos demarcadas, alternando períodos de frio, calor e chuva, conforme a região. Há épocas de seca e de enchentes, rios transbordam e deixam a terra fértil durante parte do ano, depois voltam ao tamanho original.

O tempo do cosmos

Olhando para o céu noturno, nossos ancestrais podiam notar coisas ainda mais espantosas. Aqueles misteriosos pontos de luz pareciam estar organizados em padrões também. Ao longo do ano, alguns se moviam no céu, criando figuras imaginárias, aparecendo e desaparecendo para voltarem novamente no ano seguinte. Algumas pareciam gostar mais do calor do que do frio, e todas pareciam seguir o mesmo trajeto, ano após ano.

Ao longo dos meses, o Sol, que, sozinho, dominava todo o céu, também se movia como um pêndulo: nascia e se punha cada vez mais para o norte ou para o sul, e depois voltava para o outro lado. Quando chegava perto de um dos extremos, era época de mais calor ou frio. De noite, a Lua desafiava a imaginação: aparecia completa, depois desaparecia lentamente, sumia, reaparecia. Tudo rigorosamente a cada vinte e oito dias.

A observação desses ciclos, sobretudo de suas repetições, colocou diante de nós a ideia de duração: a natureza parecia seguir uma ordem, e, para saber a época certa de plantar ou preparar a caça de algum animal, era necessário observar o que estava acontecendo. Pela primeira vez uma espécie conseguia utilizar a razão para entender os eventos e se preparar para os próximos. O cosmos oferecia os sinais, e quem soubesse interpretá-los corretamente tinha mais chances de sobrevivência.

Nossa primeira referência de medida de tempo foi esse tempo cósmico, delimitado pelos eventos da natureza. A unidade mínima, o dia, era indicado pelo movimento do Sol e da Lua; a cada quatro Luas diferentes completava-se um ciclo de vinte e oito dias; a cada três desses ciclos, mais ou menos, o clima mudava, e a cada quatro mudanças, tudo voltava ao começo. Assim como o movimento do Sol em direção ao norte ou ao sul e a posição das estrelas no céu noturno, e a cada 365 dias ele retornava ao mesmo ponto no céu.

O resultado foi uma revolução em nossa relação com a natureza. Compreender o tempo cósmico significava perceber alguma ordem no mundo.

Ciclos e rupturas do tempo

Outro problema, no entanto, era explicar a desordem.

Certo, os ciclos naturais ofereciam uma base para a compreensão do tempo, mas nem tudo seguia a mesma regularidade. Ao contrário, às vezes toda aquela suposta ordem parecia ser colocada de cabeça para baixo. Em alguns anos, a cheia do rio era muito forte, provocando inundações e estragos; os ciclos de calor ou de frio podiam ser rigorosos em um ano e amenos em outro; a terra tremia, tempestades podiam arrasar a colheita, ventos fortes colocavam em risco as casas e seus habitantes.

A natureza podia ter alguma ordem, mas também era terrivelmente imprevisível.

Era preciso, portanto, não apenas conhecer o tempo, mas também dividi-lo de acordo com as atividades realizadas.

Algumas datas marcavam o início e o final dos ciclos, e era necessário identificá-los de alguma maneira, vinculando-os, de preferência, a alguma divindade responsável por cuidar dele.

As festividades de início de primavera marcavam o retorno do ciclo de calor e plantio; as celebrações de colheita, o fim do verão indicava a aproximação do tempo frio, quando tudo já devia estar preparado para esse período; o retorno de algumas aves significava o final dessa época, e logo os rios começariam a encher, fertilizando a terra das margens para um novo plantio.

As datas de celebração se repetiam todos os anos, e era preciso que alguém, no grupo, soubesse exatamente quando uma delas aconteceria. Inventamos, ao mesmo tempo, os calendários, os mitos e religiões e as pessoas responsáveis por cuidar disso, os sábios e os sacerdotes.

O tempo mítico

Para alguns de nossos ancestrais, esses eventos eram assustadores, e indicavam a ação de forças tremendamente poderosas governando todos os eventos. Para outros, no entanto, eram mais um desafio para pensar: se tudo o mais na natureza acontecia com regularidade, será que esses eventos, aparentemente imprevisíveis, também não eram regulares? Seria possível antecipar algum deles, assim como prevíamos as estações ou as mudanças da Lua?

Afinal, nem tudo era cíclico.

A vida humana era uma prova disso. Ela seguia seu curso e, do ponto de vista do indivíduo, nunca se renovava. Todas e todos envelheciam e, depois de um tempo, desapareciam. Mas também havia os nascimentos, e a comunidade se mantinha. O que haveria antes e depois desse tempo de vida? Se a natureza obedecia a ciclos, a vida humana também não seguiria dessa maneira?

As primeiras respostas mais elaboradas para essas questões misturavam observações precisas dos fatos com a mais rica imaginação. Para interpretar os fenômenos naturais, utilizávamos a razão; para explicar suas causas, recorríamos à imaginação. Criamos histórias para explicar o tempo, suas transformações e mudanças.

Atribuímos significado aos movimentos do cosmos, demos nomes e aventuras para os pontos luminosos fixos no céu, formamos desenhos nas estrelas. Inventamos divindades responsáveis pelos ciclos da natureza, e, para tudo correr bem, era preciso deixá-las felizes e satisfeitas: uma divindade furiosa poderia lançar efeitos terríveis, quebrando a regularidade dos ciclos naturais. Era necessário agradar aos deuses para tudo correr bem no tempo por vir, celebrar e agradecer quando tudo dava certo, pedir perdão e acalmá-los quando sua fúria era despertada. Inventamos rituais para dividir e celebrar o tempo na pessoa de mitos e divindades.

Alguns dos principais mitos sobre a criação do mundo são narrativas explicando fenômenos naturais, como a atribuição do controle dos raios e tempestades a Zeus, na mitologia grega, ou Thor, nos mitos nórdicos. Mitos também explicam a origem de povos, que geralmente se apresentam como sendo descendentes de deuses importantes. Algo muito conveniente: mitos de origem ajudam a estabelecer nossa identidade. Ligar a origem de um povo a uma divindade poderosa acrescenta vários pontos positivos em sua autorrepresentação. (Isso explica por que raramente algum povo se diz descendente de porquinhos-da-índia ou texugos fofinhos.)

Situamos essas histórias que existem em um tempo próprio: o tempo mítico, indefinido em relação ao tempo cronológico da História. Nesse tempo não existem datas, apenas acontecimentos. Isso faz com que os mitos possam ser sempre contados novamente: como não estão presos ao tempo humano, não há envelhecimento.

No entanto, mitos podem morrer quando caem no esquecimento.

Por isso, o tempo mítico precisa, periodicamente, se encontrar com o tempo comum: é o momento das festas e celebrações, quando então recordamos e revivemos a narrativa mítica no presente. Sua narrativa se atualiza, no sentido de "se tornar atual" novamente. O tempo mítico não existe no "passado": enquanto ele oferecer algum tipo de sentido para a vida, ele continua sendo contemporâneo.

A religião e a origem do tempo social

A domesticação do tempo pelos seres humanos começa a partir da atribuição de uma divisão fundamental entre os dias e os períodos: havia, durante o ano, momentos especiais, como a celebração das colheitas, o dia mais longo do ano ou a chegada da primavera, cercado de eventos comuns – plantar, lutar, tecer.

Rituais marcavam os tempos especiais, diferentes das atividades dos outros dias. Aos poucos, isso se mostrou essencial para o desenvolvimento de uma noção social de tempo mantida até hoje: a divisão entre o tempo comum (a semana, p. ex.) e os especiais (feriados e comemorações).

Na prática, trata-se de um contraste entre dois elementos fundamentais do pensamento humano: a divisão do tempo em *sagrado* e *profano*.

Foi o pesquisador romeno Mircea Eliade, em um livro apropriadamente chamado *O sagrado e o profano*, que mostrou a importância dessas duas categorias na definição das atividades e características de uma sociedade. Mas é preciso, logo de saída, lembrar uma diferença importante: embora, no cotidiano, possamos usar essas palavras para falar de religião ("isto é sagrado para nós"), essa divisão não está ligada a nenhuma crença em particular.

A separação entre um tempo normal e um especial é um ponto importante para entender o tempo.

Em termos simples, ajuda a dar um sentido para as atividades cotidianas, justificando o que fazemos ou deixamos de fazer e conferindo um significado diferente e especial para cada uma delas. Esses tempos podem ser mais ou menos próximos, estar lado a lado ou completamente separados, mas dificilmente eles se misturam. Ao contrário, destacamos o dia especial porque ele tem uma *qualidade* diferente dos outros.

Quando você define algo como "sagrado", ele se reveste de uma importância maior. É retirado do fluxo normal da vida, e ganha um lugar especial, ao qual só se pode ter acesso de vez em quando. E ainda assim mediante o cumprimento de um ritual de passagem, a permissão de atravessar a fronteira entre o mundo especial e nossa existência comum. Sim, porque entre sagrado e profano sempre existe uma barreira, no espaço e no tempo.

Os locais sagrados, por exemplo, geralmente são de difícil acesso ou separados dos outros por algum tipo de limite – os muros de um templo ou uma área específica de uma região. Mas o sagrado costuma ser definido, sobretudo, pelo tempo: você não pode acessá-lo a todo instante sob pena de torná-lo banal, e, com isso, retirar dele suas características especiais.

Você pode, sem dúvida, ir a um templo religioso todos os dias, mas é preciso revestir cada uma dessas visitas de um caráter especial: sua presença, naquele momento, é marcada pela sua ligação com as crenças de sua religião. E, mais ainda, com as outras pessoas que acreditam na mesma coisa.

O sagrado só tem validade se for compartilhado por um grupo. A crença a respeito do que é "sagrado" ou "profano" é uma das formas mais poderosas de vínculos entre seres humanos. Por isso, a divisão entre um tempo sagrado e um tempo comum ajuda a formar e manter os laços de grupo. Aprendemos a ler o tempo a partir desse tipo de divisão: hoje é um dia normal, hoje é um dia especial.

Pode haver várias razões para isso, como o seu aniversário, o aniversário do Faraó, da independência, da conquista, do recebimento de uma revelação religiosa, da libertação: seja qual for o motivo, quando dizemos que um dia é especial, ele se diferencia dos outros e ganha um caráter sagrado. As atividades triviais devem ser deixadas de lado, ainda que por um momento, para destacar o fato – passar o dia do seu aniversário na escola ou no trabalho, sem nada de especial, pode ser tremendamente frustrante: no final, fica a impressão de que o dia "não aconteceu", exatamente por sua banalidade.

É necessário mostrar a diferença entre os tempos a partir de uma demarcação, digamos, fazendo algo que você não faria em outros dias. Mas isso só tem validade quando a celebração é coletiva: a força do tempo sagrado só existe se estamos com outras pessoas. (E se você já passou o dia do seu aniversário sozinho sabe como pode ser difícil se animar quando não há ninguém por perto.)

A passagem do tempo cósmico para o tempo social acontece quando colocamos os ciclos da natureza dentro de nossas histórias, de nossos mitos. E isso foi fundamental na domesticação do tempo.

O registro do tempo

Outro passo importante foi o surgimento da escrita, permitindo o registro dos acontecimentos no tempo. Era possível, com ela, criar relatos permanentes dos fatos, colocando-os dentro de uma sequência. A escrita permite aos seres humanos transformarem o tempo mítico em tempo histórico.

A diferença entre eles? As datas.

As aventuras de personagens mitológicas, como vimos, acontecem em um tempo especial, fora do calendário; por outro lado, os feitos de reis e imperadores, o começo e o final de seus governos são demarcados em relação ao tempo em que aconteceram. É comum, em registros antigos e medievais, encontrar frases como "no décimo-primeiro ano do reinado de..." ou "Depois do governo de..." Em geral, textos assim são também chamados de *crônicas*, ou seja, comentário sobre uma época, um tempo (*cronos*). Um controle maior do tempo, bem como seu registro, era fundamental para o desenvolvimento das sociedades. Ainda hoje, documentos oficiais do governo federal, no Brasil, vem com essa indicação: por exemplo, um decreto de 2020 traria a data "131º ano da República, 198º da Independência".

A natureza do tempo

Mas havia um passo decisivo a ser dado: entender a realidade do tempo.

A história, claro, começa com os antigos gregos. (Quase todos os nossos problemas filosóficos começaram com eles, e o que não conseguiram responder continua sem resposta até hoje.) Como todos os outros povos, eles notavam os movimentos da natureza – em grego, "natureza" é *physis*, de onde vem nossa palavra "física". Algo chamava a atenção: o problema da mudança.

Pareciam existir duas ordens naturais: uma das coisas que se transformavam, em um ciclo de destruição e renovação constante, definido pelos ritmos da natureza terrestre; a outra era a ordem do universo, no qual tudo era fixo, a harmonia reinava, não havia criação, não havia destruição, apenas infinitas repetições.

Seria esse outro mundo, além do céu físico, feito de uma matéria mais pura, imune à ação do tempo? Para os antigos gregos, tratava-se de uma forma extremamente sutil, o "éter", de onde vem a palavra "etéreo" para falar de algo delicado e suave; do grego *aether*, "ar puro" ou "rarefeito".

Esse dualismo entre o tempo dinâmico da Terra e a eternidade do céu ocuparia vastas porções do pensamento ocidental nos séculos seguintes: a ideia de uma região celeste na qual o tempo não existiria e, portanto, tudo seria imutável, casava perfeitamente bem com algumas concepções religiosas do cristianismo.

Apenas a partir do século XVI algumas pessoas, sobretudo astrônomos, começaram a desafiar essa concepção, mostrando que nosso ponto supostamente fixo na Terra era uma ilusão: estávamos nos movendo junto com o cosmos. Mas velhas convicções demoram para ser transformadas, e alguns dos principais nomes desse momento gastaram tempo e esforço para conciliar suas descobertas com a mentalidade de sua época, tentando encontrar uma harmonia entre o movimento e o imóvel, entre o tempo e o eterno.

O que estava em jogo não era apenas uma questão de crença, mas toda uma concepção sobre o cosmos. Quando você aceita que tudo se move, inclusive a Terra e as estrelas, há uma revolução na concepção do universo: se há movimento, está inserido no tempo. Não havia uma esfera do céu imutável, mas o cosmos era também uma combinação de regularidades e mudanças inesperadas.

O tempo parecia se desarranjar.

Tempos cíclicos e tempos lineares

Para compreender essas aparentes contradições, desenvolvemos, em linhas gerais, duas grandes concepções de tempo que costumam organizar a vida mental de uma sociedade. Essas maneiras diferentes de ver o tempo não serviam apenas para indicar o que estava acontecendo na natureza. Quando se torna social, o tempo também passa a integrar a ordem vigente em cada sociedade, tornando-se parte de sua visão de mundo.

O primeiro é o *tempo linear*. Como o nome sugere, trata-se da ideia do tempo como em uma linha reta e contínua, partindo de uma origem, geralmente a criação do universo, e caminhando lentamente em direção a algum tipo de encerramento. As ações acontecem uma única vez, e ficam marcadas para sempre, sem possibilidade de retorno. O curso dos acontecimentos segue inexoravelmente em direção a um evento final.

A concepção judaico-cristã, por exemplo, trabalha com o tempo linear. Cada ser humano vive uma única vida, inscrita em um tempo em movimento contínuo para frente. O tempo linear parte da ideia de que houve um princípio (o Gênesis) e vai terminar em algum momento. (A chegada do Messias, no caso judaico; a volta de Jesus, para os cristãos.) Esse evento significará o encerramento dessa linearidade. Não por acaso, um sinônimo para a expressão "Fim do mundo" é exatamente "Fim dos tempos".

Uma segunda concepção, presente em várias doutrinas e religiões, é a perspectiva de um *tempo cíclico*. Nele não existe começou ou fim, mas um eterno retorno de ciclos, épocas ou períodos. Não houve uma origem, não haverá um final: o encerramento de um período significa o início de outro.

Algumas religiões, por exemplo, trabalham com a ideia de um tempo cíclico: cada existência humana é mais uma em um conjunto de vidas, com o periódico retorno entre ciclos de vida e morte. A ideia de "reencarnação", por exemplo, trabalha com essa perspectiva de um tempo cíclico (e guardando, claro, as diferentes noções a respeito do assunto).

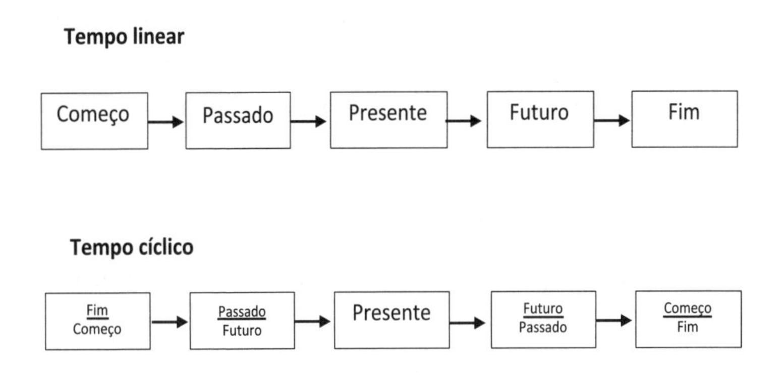

Essas duas concepções do tempo estão relacionadas também à maneira como cada povo interpreta a si mesmo e seu lugar no cosmos, e podem tanto servir para justificar a ordem das coisas quanto, em alguns momentos, para questioná-la.

Tempo linear e finalidade

Na cultura ocidental, há um predomínio do tempo linear, não só em termos religiosos, mas também políticos. Várias das principais doutrinas econômicas e sociais estão ligadas, de maneira direta ou indireta, a uma concepção linear do tempo como uma evolução contínua rumo a um fim a ser alcançado.

Por exemplo, a ideia de que alguns países são "desenvolvidos" enquanto outros estariam "em desenvolvimento" coloca uma diferença em termos temporais: alguns países estariam "a caminho" enquanto outros "já chegaram lá", como se a História tivesse uma única direção. Uma noção que aparentemente caiu em desuso, "atraso", era ainda mais reveladora: alguns países ou regiões eram vistos como "atrasados" em relação a outros, mostrando uma perspectiva política ligada ao tempo. Doutrinas políticas de vários tipos também trabalham com essa linearidade, por exemplo, ao falar de um futuro brilhante a ser alcançado – e isso, às vezes, justificaria os sacrifícios e problemas do presente.

A pluralidade dos calendários

Estamos acostumados a ver o tempo como uma única medida linear, contado em dias e horas. Para boa parte das atividades cotidianas, basta saber a data e o horário. Mas esse tempo cronológico, medido no relógio, não é o único a partir do qual pautamos nossas atividades. Trabalhamos com várias escalas de tempo, e nem sempre elas são precisas como o calendário ou o relógio.

O calendário mais conhecido é aquele com dias, meses e anos. É o tempo público, importante para a organização das atividades sociais, e onde é possível ver com nitidez essa diferença do dia especial para o comum.

Em geral, as divisões mais rígidas são entre dias de trabalho, finais de semana e feriados. A cada cinco ou seis dias, ao menos em teoria, há uma quebra na rotina normal pela existência de dois dias especiais; mas, mais ainda, os feriados são a melhor representação de um tempo especial: ele é poderoso o suficiente para interromper o fluxo de atividades mesmo nos dias dedicados ao trabalho.

Não é coincidência que os principais feriados sejam cívicos ou religiosos: é preciso justificar a interrupção do fluxo normal dos acontecimentos, e isso só pode acontecer mostrando que aquele dia, o feriado, está ligado a algum fato grande o bastante para isso.

Mas mesmo dentro desse calendário existem divisões mais fluidas. O tempo é dividido de acordo com as atividades realizadas pelos vários grupos sociais.

Assim, podemos falar em um calendário escolar, no qual os períodos principais são bimestres e semestres, pontuados por um "tempo especial", as semanas de provas. Existe um calendário esportivo para cada modalidade, organizado em torno das principais competições. Apaixonados por cinema podem dividir seu calendário entre lançamentos e premiações mais importantes. Esses exemplos poderiam seguir, pensando nos calendários de cada profissão ou atividade. Todos eles refletem as diversas escalas de tempo nas quais estamos vivendo.

Os diferentes tempos ao nosso redor

Podemos imaginar o tempo como uma espécie de oceano, com várias correntes diferentes, cada uma com sua temperatura e velocidade. Vivemos em várias camadas temporais, como vastas correntes marítimas, cada uma com sua direção, intensidade e velocidade – algumas mais rápidas, outras mais lentas.

Em geral, só vemos o movimento rápido da superfície – as mudanças de nossa época, na qual tudo parece se transformar o tempo todo. No entanto, se você mergulhar um pouco mais fundo, vai encontrar outras correntes, em um movimento bem menor. Elas representam o ritmo das transformações lentas, no qual as coisas demoram muito para mudar. Estamos imersos nessas várias correntes do tempo ao nosso redor.

Vale começar com este objeto que você está segurando: um livro é uma das mais antigas invenções da humanidade, com mais de quatro mil anos, sem falar na escrita, que tem por volta de seis mil. Se está lendo em um *tablet*, o vidro da tela está na faixa dos milhares de anos, mas a ideias dos pixels tem poucas décadas, e o aplicativo pode ter alguns dias. Os botões da sua roupa e suas calças são esplêndidas invenções da Idade Média, assim como os óculos. O tecido industrializado da sua roupa nasce no século XVIII, assim como a ideia de usar de talheres para pegar comida.

Mas isso não se reduz aos objetos.

A camada mais superficial do tempo são as mudanças que acompanhamos no cotidiano. Uma linha de ônibus muda, uma loja abre, temos novas atividades no trabalho ou na escola. Do incontável número de acontecimentos em cada dia, apenas uma parte deles passará diante de nós, e mesmo assim durante alguns segundos entre um *post* e outro. Poucos eventos ultrapassam essa escala do imediato.

Em uma sociedade na qual o novo é uma das categorias mais valorizadas, o tempo de superfície é mostrado, muitas vezes, como o único, ao qual deveríamos nos adaptar a qualquer preço. Estar sempre atualizado é acompanhar a movimentação da superfície do tempo, e o esforço é semelhante a tentar se mover em um mar revolto. Quando isso passa a ser visto como natural, o cansaço pelo esforço e a ansiedade pelo novo se tornam regras.

Uma segunda escala diz respeito aos eventos além desse nível imediato: nosso tempo pessoal. É um pouco mais lento, e diz respeito às atividades rotineiras. Seu trabalho pode ser emocionante, com novidades todos os dias, mas você não muda sempre de trabalho; seu namoro pode ser uma aventura em que nunca há um momento igual ao outro, mas você não muda de namorado sempre; sua relação com a família pode ser ótima, mas é sempre com a mesma família.

O tempo institucional, terceira camada, é mais lento e difícil de mudar. As relações de trabalho, a ideia de família e as atividades religiosas estão entre as instituições mais antigas da sociedade. Por isso, seu ritmo de transformação é mais lento. Podemos, claro, notar mudanças rápidas no nível superficial de uma instituição, mas precisamos observar o quanto isso mexe, de fato, com a organização.

Novas denominações religiosas podem ser criadas todos os dias, mas a ideia de "religião" pode permanecer a mesma durante séculos, ou mesmo milênios. Uma escola pode ser equipada com todo tipo de tecnologia digital, mas a forma básica do processo de ensino e aprendizagem talvez siga o mesmo esquema da Idade Média. Mudanças estruturais geralmente acontecem em momentos de crise, quando novas instituições podem aparecer.

A escala de tempo mais longa percorre a história de cada sociedade. Só mudam, quando mudam, com extrema lentidão. A moda do século XXI não tem nada a ver com o jeito de vestir do século XVIII, mas a ideia de "usar roupas" pode ter em torno de seis ou dez mil anos. Em termos de tecnologia, o século XX viu nascer a televisão, o computador e as viagens espaciais; mas quando o assunto é preconceito e discriminação, ele não difere muito dos anteriores.

O historiador francês Ferdinand Braudel chamou isso de *longa duração*, referindo-se às atividades que continuam sendo feitas de maneira semelhante mesmo diante de mudanças políticas. O hábito de tomar café, para pegar um exemplo trivial, sobreviveu a guerras e revoluções ao longo dos últimos quatro séculos sem ser abalado.

Uma das dificuldades de qualquer transformação social é mexer com esse núcleo temporal mais profundo da sociedade, ou seja, provocar alterações em práticas ligadas a uma "longa duração".

Tempos diferentes no mesmo espaço

Em uma manhã de julho de 2019, quando, por problemas técnicos, o gráfico mostrando a hora no programa britânico *BBC Breakfast* não podia ser exibido no gerador de caracteres, um repórter, Ben Thompson, precisou aparecer com um antigo relógio de ponteiros enquanto os apresentadores se desculpavam pelo incidente. "Conheço muita gente que está nos assistindo só por causa do relógio", brincou o jornalista. Mas há um fundo de verdade no que ele disse: ver o relógio da televisão mostra que aquela é a "hora certa" para todo mundo.

Com a passagem do tempo cósmico para o social, a organização das atividades foi amplamente definida a partir de um horário e calendário único. E se percebeu que o tempo era um poderoso aliado para manter ou questionar a ordem da sociedade. Na passagem de uma escala da natureza para o social, o tempo se torna político.

Em seu livro *Para uma outra Idade Média*, o historiador francês Jacques Le Goff mostra que, a partir dessa época, o tempo passa a obedecer, aos poucos, uma divisão entre o "tempo do sino da igreja" e o "tempo do mercado".

O sino da igreja marcava as atividades de acordo com uma divisão religiosa voltada para orientar o trabalho nos monastérios e, em certos casos, nos campos cultivados ao redor. Obedecia, em linhas gerais, os ciclos da natureza; por exemplo, o tempo de trabalho era maior no verão, quando os dias são mais longos, do que no inverno. (Os monges também podiam acordar um pouco mais tarde na época fria.)

O tempo do mercado, por sua vez, era dirigido para a realização das atividades comerciais, e se orientava em torno dos dias de feira nas vilas e cidades, quando mercadores traziam seus produtos para negociar. Era um tempo orientado pelas tarefas a fazer, bem como pelo ciclo das mercadorias a comprar e vender. Ainda seguia os ritmos da natureza, mas já começava a ser pautado também por um acento específico nos dias de trabalho.

Modelos de tempo em cada época

Tempo	Sino da Igreja	Mercado	Indústria	Conectado
Data	Até 1700	Até 1700	1750-1980	1980- hoje
Local	Campo	Vila	Cidade	Metrópole
Divisão	Períodos do dia	Datas da semana	Horas de trabalho	Sobreposição
Atividade	Agricultura	Comércio	Fábrica	Informação digital
Fluxo	Horas da igreja	Ciclo do dia	Horas de trabalho	Ininterrupto
Característica	Estático	Estático	Linha de produção	Aceleração contínua

Fonte: Le Goff (2018).

Poderíamos, a partir dessa ideia, seguir em frente e pensar em outros tempos.

O tempo da fábrica, por exemplo, abandona de uma vez os ritmos da natureza e passa a ser regulado exclusivamente pelo relógio: não há mais diferença se é verão ou inverno, frio ou calor. O trabalho deve ser executado e, para isso, a jornada de trabalho é a mesma, seja qual for a estação ou resistência de quem trabalha. Esse modelo atinge seu auge no modelo fordista de produção, ainda no começo do século XX.

Neste início de século XXI, a chamada flexibilização do trabalho afeta diretamente sua relação com o tempo. Organizado em torno de tarefas, metas e atividades, passamos – em teoria – a "não depender mais de um tempo fixo". Na prática, isso parece gerar um tempo contínuo, pautado na velocidade dos dados.

E rápido, cada vez mais rápido. Como diz Barbara Adam, citada por Judy Wajcman em um artigo sobre o assunto, "se tempo é dinheiro, quanto mais rápido, melhor".

3
A mais valiosa das mercadorias

Lá estive ligado
Todo o tempo
Até a desmemória de tudo
E monitorado
Sonhei com a consciência
de me desligar
De tudo que não eu mesmo
Sebastião Uchoa Leite. *A regra secreta, p. 33.*

Ligue já. Compre agora e aproveite o desconto. É só para os dez primeiros acessando pelo app com o código. Cadastre-se agora mesmo. Aproveite esta oportunidade. Promoção por tempo limitado. Só até sábado ou enquanto durarem os estoques. Não perca.

A vida moderna está cercada de imperativos temporais de consumo. Há um sentido de urgência recorrente, como se tudo estivesse à beira do fim e esta fosse a única chance de um bom negócio. Em todos os lugares, do vagão de metrô às redes sociais, podemos ver anúncios com um tom imperativo ("compre") associado ao momento imediato ("hoje", "agora").

Mais do que sobre os produtos, esses anúncios nos dizem alguma coisa sobre o tempo: em particular, do imperativo temporal do consumo, a necessidade de mostrar um instante de oportunidade que, uma vez perdido, não volta de maneira nenhuma. O tempo da mercadoria é o imediato: é preciso comprar agora, porque amanhã será tarde demais.

A princípio, nada de errado nisso. Produtos existem para serem vendidos, e, quanto mais rápido isso acontecer, melhor. Não se produz mercadorias para deixá-las estocadas. Sua venda faz a engrenagem girar. Dentro de uma lógica de mercado, não há sentido em pensar de outra maneira.

Aliás, seria contraditório fazer uma crítica vulgar dizendo que tudo está errado (afinal, este livro provavelmente vai participar também de promoções por tempo limitado). A questão é perguntar se está tudo bem quando o ritmo da mercadoria ultrapassa as relações de consumo e se torna dominante na sociedade.

Quando isso acontece, o tempo precisa ser cada vez mais acelerado para dar conta de suas exigências. Se tudo é para ontem, a linguagem dominante não poderia deixar de destacar a urgência do instante.

Para entender isso, precisamos olhar mais de perto o que é essa lógica do tempo da mercadoria. E uma das primeiras ideias sobre o tema veio de um dos mais controversos e influentes pensadores da sociedade, Karl Marx, em seu livro *O capital.*

Tempo e consumo

Quem se aventurar pelos vários volumes de *O capital* vai encontrar uma análise de vários aspectos do sistema capitalista, como trabalho, salário e capital. Mas esses itens são, desde o início, colocados na esfera de outra coisa, uma das categorias centrais do livro – a mercadoria. Marx inicia *O capital* com uma detalhada abordagem do seu significado e seu lugar no sistema capitalista. Mas por que a mercadoria é tão importante?

Basicamente, porque ela ocupa o ponto central do capitalismo, e precisamos entender como ela atua para compreender a aceleração da sociedade. O ponto de partida é o tempo associado à mercadoria.

Todo o capitalismo gira em torno da produção e do consumo de mercadorias: trabalhamos para produzir mercadorias, transformamos nosso trabalho em mercadoria para vendê-lo e, com o capital financeiro obtido, compramos mercadorias. Não é o capital nem o dinheiro que tem o lugar central no capitalismo, mas a mercadoria.

Ao mesmo tempo, há uma ampliação importante da noção de "mercadoria". Em geral, quando falamos disso, lembramos de produtos em um supermercado ou na vitrine de uma loja. Não está errado, mas a ideia de "mercadoria" vai além. Uma das características do capitalismo é a possibilidade de qualquer coisa se transformar em mercadoria: se algo pode ser transformado em produto, será. Só então, a partir daí, é possível convertê-la em capital.

Alguns exemplos podem ajudar a compreender a questão.

Até o início dos anos de 2000, estacionamentos de supermercados e shopping centers eram gratuitos. A partir de então eles passam a ser cobrados, eventualmente com desconto ou isenção a partir de um certo valor em compras. O estacionamento gratuito, sem dúvida, permitia várias utilizações indevidas – por exemplo, parar lá e ir em outra loja. No entanto, havia um potencial ocioso esperando para se tornar capital: o espaço poderia ser transformado em uma mercadoria e vendido.

Outro exemplo: até algumas décadas atrás, em muitos restaurantes, o café no final de um almoço era gratuito, cortesia da casa com os clientes. Da mesma maneira, essa prática caiu em desuso, e o café começou a ser incluído na conta. O valor do café, até então medido em outra escala ("cordialidade"), passa a ter um valor de mercadoria.

De acordo com essa concepção, não existem nem podem existir limites para o que pode ser convertido em mercadoria. Não por caso, em seu texto mais conhecido, o *Manifesto comunista*, Marx e Engels indicam isso: "no capitalismo nada é sagrado, tudo o que é sólido desmancha no ar". Diante da lógica da mercadoria, outras relações sociais ficam em segundo plano; a frase "tudo tem seu preço" seria a versão comum deste pensamento.

O tempo invisível da mercadoria

Você já notou como usamos um palavras ligadas à economia para nos referirmos ao tempo? "Economizei 2h", "gastei 5min", "vou investir meu tempo nisso": nossas expressões para falar sobre o tempo sugerem que ele é visto como uma mercadoria a ser negociada.

Mas a transformação do tempo em mercadoria nem sempre é fácil de ser vista. Geralmente ele aparece como benefício associado a outros produtos ou serviços.

Ao pagar mais por um serviço feito na hora, você está comprando tempo para utilizar em outras ocasiões; viajar de avião costuma ser mais caro, mas você economiza horas de viagem terrestre. Serviços urgentes custam mais. Em todos esses casos, o que está à venda é o tempo.

Transformar o tempo em mercadoria significa deixar de lado outras qualidades, como sua importância pessoal ou o fato de que cada instante é único, para torná-lo igual a qualquer outra coisa.

Na lógica da mercadoria, vemos o tempo como quantidade: um número *x* de horas pode ser convertida em um valor *y* de dinheiro. Diante disso, não há tempo que não possa ser comprado, pelo qual não possa ser feita uma oferta. Passamos a olhar o tempo exclusivamente de acordo com seu valor dentro do circuito de produção e consumo de mercadorias: um tempo-mercadoria.

Podemos ver isso em termos do valor atribuído a ele: os momentos com a família são importantes, mas agora tenho que trabalhar; ir à atividade religiosa ou esportiva pode me fazer bem, mas outro compromisso remunerado é mais importante; quase aceitei um trabalho extra, mas o valor é muito baixo, por essa quantia prefiro ficar com amigas e amigos.

A expressão "isso não tem preço" é a principal adversária dessa lógica: dizer que "não tem preço" brincar com meu filho, passear com minha namorada ou ficar ouvindo música é romper com a perspectiva de calcular tudo em termos de seu valor como mercadoria. E destacar outros valores além da equivalência financeira.

Na língua inglesa existe a expressão *quality time*, "tempo de qualidade", utilizada para definir esse tipo de momento impossível de ser expresso em valores. Conseguir um "tempo de qualidade" para passar com a família ou com os amigos significa colocar em jogo a ideia do tempo como quantidade.

Mas isso não é simples. O *quality time* e outros valores, não por coincidência, costumam ser apresentados de maneira negativa. Os momentos para o cultivo de si, o tempo para o outro, para os outros, são vistos com alguma reserva. O tempo de formação do ser humano às vezes é entendido como o prelúdio para o exercício de uma atividade remunerada, e, em alguns lugares, qualquer coisa diferente é recebida com desconfiança ("Por que está lendo isso? Não vai servir para nada").

Anos atrás uma colega viveu uma situação que mostra isso.

Ela lecionava em um curso gratuito de artes plásticas para jovens em situação de vulnerabilidade, e, um dia, me falou do talento de uma aluna: "Ela vai ser grande. Precisa de alguns anos de estudo, mas está no caminho certo", disse-me, entusiasmada. Um ou dois meses depois nos encontramos novamente. O clima era completamente diferente: sua aluna tinha desistido por insistência do pai, segundo contou: "Ele a colocou para trabalhar em uma loja, não queria a filha estudando arte. Ele me disse que, se ela tinha tempo, tinha que ganhar dinheiro".

Uma bolsa de estudos resolveria?

"Não era só esse o problema. Ele acha que arte é perda de tempo."

A jovem nunca mais voltou para o curso.

A lógica da aceleração e a velocidade do descarte

A mercadoria precisa ser colocada em circulação e vendida no menor espaço de tempo possível. Daí o sentido de urgência e aceleração no tempo atrelado ao consumo: a mercadoria precisa ser comercializada em um eterno agora, mais e mais acelerado devido à quantidade de produtos a serem vendidos. Na lógica da mercadoria, o único tempo possível é um instante que se anula: a aquisição de agora deve ser obliterada imediatamente para dar espaço a outra mercadoria mais nova, mais interessante, com mais recursos.

A filósofa norte-americana bell hooks sintetiza essa mudança de valores e suas consequências na vida contemporânea em uma frase de seu livro *Tudo sobre o amor*: "Em uma cultura narcísica, o amor não pode desabrochar". Para ela, o modo atual de lidarmos com a cultura da mercadoria "cria um mundo de narcisismo, no qual o foco da vida é apenas comprar e consumir".

O tempo é fragmentado para não permitir nenhuma duração além do mínimo. O desejo deste momento é transferido logo para o próximo, com um breve intervalo de satisfação entre eles decorrente do momento da compra – e antes da oferta seguinte.

Se parece exagero, pense em quantos *smartphones* você já teve.

Que um tenha sido perdido, outro quebrado: os outros todos precisaram ser substituídos porque ficaram velhos. Quando o presente se estende de maneira indefinida, só existe espaço para o novo, para o imediatamente inovador: o instante passado, assim como o jornal de ontem e a moda de outra coleção, parece estar a eras de distância e não significa muita coisa. (Uma provocação: estamos sendo levados a aplicar a mesma lógica com pessoas?)

O *smartphone*, a certa altura, simplesmente não dava mais conta de realizar suas funções. Aplicativos, programas e funções podem ficar mais complexos e úteis, mas também exigem mais memória. A certa altura, mesmo em bom estado, seu *smartphone* estava ultrapassado e não conseguia acompanhar as atualizações.

Isso tem nome: chama-se "obsolescência programada", isso é, o tempo para que um aparelho precise ser trocado. Esse tempo faz com que novas mercadorias entrem em circulação e ganhem espaço, gerando uma maior produtividade e lucro. Mas há efeitos colaterais.

A compra do produto novo, em primeiro lugar, deixa de ser uma questão de escolha para se tornar, de alguma maneira, obrigatória. Certo, ninguém leva você até a loja e obriga a comprar um novo *smartphone*. No entanto, ficar desatualizado significa ter acesso restrito a serviços e atividades. Isso exige um investimento periódico de dinheiro na compra de um produto novo, algo bastante complicado quando se pensa nos níveis de renda de boa parte da população.

Isso gera outra pergunta: para onde vai o material obsoleto? O que se faz com isso? A velocidade da troca gera uma imensa quantidade de material a ser descartado. O ritmo da produção, do consumo e do descarte não é igualada pela capacidade de reciclagem, criando um déficit de mercadorias descartadas a serem encaminhadas para alguma solução – às vezes, o lixo.

O valor de cada tempo

Anos atrás, conversando sobre a vida universitária com um professor inglês, na Universidade de East Anglia, o assunto chegou a um ponto delicado: a remuneração. Nossas qualificações eram as mesmas, assim como nossos cargos nas respectivas universidades. Ficamos muito espantados quando, feitas as conversões entre as moedas, percebemos que nossos salários eram quase iguais. Minha alegria durou poucos instantes, porque logo desconfiei que algo estava errado e arrisquei uma pergunta:

"Quantas horas você trabalha por semana?"

"Tenho duas aulas por semana, mais atividades de pesquisa e orientação", respondeu.

Esse era o ponto. Nossos salários eram nominalmente iguais, mas o valor de nosso tempo era radicalmente diferente.

Naquela época, eu trabalhava em três faculdades, tinha dezoito classes que, somadas a outras atividades, resultava em um total de mais de cerca de 60h semanais de atividade. Nada muito diferente de milhares de professoras e professores – e, no meu caso, com ótimas turmas e condições trabalhistas muito boas, vale reconhecer. Para ganharmos o mesmo *x*, eu trabalhava 60h semanais, enquanto as dele ficavam em torno de 40. Seu tempo valia cerca de 40% mais do que o meu.

Evidentemente não se pode ir muito longe em qualquer comparação sem levar em conta questões históricas e sociais de cada lugar, mas essa perspectiva é um exemplo das diferenças de valorização do tempo.

"O que é um dia de trabalho?"

Marx formula essa pergunta, no capítulo 8 de *O capital,* em uma discussão a respeito do trabalho e sua relação com o tempo. Ele também vai se dedicar ao tema em outras duas obras, os *Grundrisse*, de 1857, e na *Contribuição à crítica da economia política*, escrita em 1859. Podemos encontrar pistas sobre sua concepção de tempo nas três obras.

O tempo de trabalho como mercadoria

Até Marx, o trabalho costumava ser visto como aquilo que *produzia* um valor, não necessariamente um valor em si. No capitalismo, o próprio trabalho é uma mercadoria e, dessa maneira, está sujeito às mesmas variações de compra e venda de qualquer outro produto. E ganha um valor específico decorrente do custo de sua produção. É, trabalhar custa. E esse custo não diz respeito, em primeira instância, ao valor recebido pelo trabalho, mas ao valor investido para a produção do trabalho.

Esse é o ponto de partida de Marx: se o trabalho se transformou em uma mercadoria, é fundamental pensar qual é seu custo. Para gerar sua força de trabalho, a trabalhadora ou o trabalhador precisa investir tempo em sua preparação. Quando escreveu *O capital*, Marx tinha em mente a ideia do "trabalhador" como sinônimo de "operário", e alguns de seus principais exemplos vinham das fábricas, especialmente as inglesas.

Mas a lógica da velocidade não parece poupar ninguém. Ela atinge as pessoas de maneira diferente, mas o pequeno proprietário não está, nem de longe, livre dessa lógica - quem tem o próprio negócio sabe disso: não há *glamour* em uma jornada estendida para atender a todas as demandas.

Mesmo o chamado trabalhador "não qualificado" (denominação a pensar, aliás) precisa de tempo para gerar sua força de trabalho. Deve comer e dormir, precisa ter condições de manter sua saúde, física e mental, cuidar de sua vida. Seu dia, portanto, não pode ser totalmente preenchido com as atividades de trabalho, sob pena dessa própria reprodução da força ficar comprometida.

Daí que o mesmo período de tempo pode ter valores radicalmente diferentes, como na comparação entre as atividades do professor inglês e as minhas. Mas podemos ver isso aqui mesmo, simplesmente olhando ao redor.

Gênero e usos do tempo: as lições aprendidas

Meu filho nasceu às 11:32h da manhã de uma quarta-feira, 14 de dezembro de 2011. Voltamos com ele para casa no final da tarde da sexta-feira. A vida com um recém-nascido é uma das experiências mais radicais que uma pessoa pode ter. A rotina desaparece. O cuidado com a nova vida é maravilhoso e exigente na mesma medida.

Mas o relógio corre contra: na semana seguinte seria o momento de retornar ao trabalho. Oito dias. No meu caso, é quando termina a licença-paternidade. Toda a carga de atividades físicas, toda a intensidade emocional, é lançada sobre a mãe. (Isso, vale lembrar, porque estava no mercado formal de trabalho, regido por leis e com os direitos respeitados: a situação seria diferente sem essas garantias, inacessíveis para muita gente.)

A diferença entre os períodos de licença-maternidade e licença-paternidade são um indício de algo mais amplo, espalhado há séculos pela sociedade: a distribuição desigual do tempo de acordo com as questões de gênero. Existe, ao que tudo indica, um tempo masculino radicalmente diferente do tempo feminino, e as consequências dessa divisão podem ser percebidas de várias maneiras. Para nós homens, falar disso nos lembra da posição em que estamos, do quanto falta transformar.

Uma das muitas lições que nós homens podemos aprender com os estudos de gênero é prestar atenção na maneira como a divisão do tempo reforça as desigualdades entre homens e mulheres. Muita coisa entendida até ontem como natural hoje é questionada e vista com novas lentes, voltadas para a igual valorização de todas e todos. Escrevo este trecho como alguém que compartilha um aprendizado em curso, comprometido com o questionamento de um lugar historicamente construído – a masculinidade hegemônica na divisão do tempo.

Tempos masculinos, tempos femininos

Historicamente, o tempo masculino sempre foi um tempo voltado para as atividades da rua, do trabalho, dos negócios e assuntos públicos, enquanto o tempo das mulheres era o do ambiente doméstico, dirigido ao cuidado com os filhos e com a casa. Isso começou nas primeiras civilizações, e foi decisivo para estipular papéis de gênero bem definidos de acordo com os usos do tempo, ligados a estereótipos sobre "atividades de homem" e "atividades de mulher".

O tempo masculino era delimitado pela saída e pela chegada do trabalho: o lar era o tempo de descanso.

Para a mulher, ao contrário, a casa era o tempo de trabalho, somado, em alguns casos, à atividade profissional: bastaria descer alguns degraus na escala social e a mulher seria encarregada de contribuir com a renda da casa, trabalhando também. Mesmo quando esse não era o caso, o tempo feminino era voltado para o cuidado com as atividades domésticas: por isso, sua jornada de trabalho correspondia exatamente ao seu tempo de vida. Ao contrário do homem, que tinha horários de atividade demarcados, o tempo doméstico se estendia da hora de acordar à hora de dormir. Ainda que a mulher trabalhasse tanto quanto ou mais do que o homem, não existia, como ainda não existe, remuneração pelo trabalho doméstico.

Voltado para os negócios públicos, o tempo masculino historicamente era sinônimo de "tempo de trabalho". Sua atuação era da porta para fora, decidindo a respeito dos negócios públicos e participando da vida da cidade – não por acaso, a palavra "política" vem do grego *pólis*, "cidade". Cabia a eles tomar decisões sobre a administração pública e do governo, bem como das atividades econômicas e da relação com outras cidades.

Para isso, os homens precisavam ser capacitados a partir do estudo formal ou do aprendizado de um ofício voltado para o público. A ideia de formação estava voltada à preparação dos cidadãos para a condução dos negócios da cidade, assim como para a boa administração da vida coletiva, seja ligado à política, seja na produção de bens ou na oferta de serviços.

A situação era diferente no caso das mulheres, começando pela educação, voltada para as atividades da casa – em latim, *domus*: o tempo feminino era dirigido ao espaço doméstico. A educação das meninas seguia uma preparação voltada para ficar a vida toda nesse espaço. Em vez de aprender a ler e escrever, elas eram ensinadas a cuidar da casa e dos filhos.

Isso, claro, falando de homens livres e famílias com algumas posses. Descendo uns poucos degraus na escala social o panorama mudava completamente – e, evidentemente, a situação da divisão de gênero era ainda mais acentuada.

Mas as diferenças não terminam aí.

Tempo doméstico, tempo de trabalho

Como recordam várias autoras, havia uma outra desigualdade. O tempo de trabalho, para o homem, poderia ser convertido em capital. Era um trabalho reconhecido por ter um valor, e, por isso, sempre remunerado, ainda que mal. Por sua vez, o trabalho doméstico era visto como parte das obrigações inerentes à condição feminina. Independentemente de quanto fosse duro ou complexo, o trabalho feminino doméstico não valia nada.

Em termos qualitativos, o trabalho fora de casa era visto como importante e sério, digno não só de ser pago, mas parte da condição de "ser homem". Para o homem, o tempo de trabalho se sobrepõe a todos os outros, a respeito dos quais não se faz nenhum tipo de cobrança ou questionamento.

No caso de quem tem filhos, por exemplo, não se pergunta para os homens se nos sentimos culpados por deixar as crianças em casa e irmos trabalhar: é "natural" que o homem passe mais tempo na rua do que em casa, com a família. Mas perdi a conta de quantos relatos ouvi de amigas sobre esse tipo de cobrança (e tomo a liberdade de reproduzir aqui como um aprendizado a mais para nós): "Se me dedico ao trabalho, sou uma péssima mãe; se deixo o trabalho para ficar com o filho, não sou comprometida com o emprego".

Note uma armadilha da linguagem: quando falamos de "trabalho", não pensamos imediatamente em trocar a fraldinha de um nenê; é preciso acrescentar o adjetivo "doméstico". Mais ainda, podemos observar a diferença em falar "atividades domésticas" e "trabalho doméstico" na ideia que formamos em nossa cabeça a respeito disso.

A entrada de um maior número de mulheres no mercado formal de trabalho trouxe, de fato, uma mudança nas relações financeiras, mas seria apressado acreditar que tudo se alterou de uma hora para outra.

Por isso, o resultado é uma expressão que também aprendemos, quando não vimos acontecer na prática com nossas mães, irmãs ou outras mulheres próximas a nós: a "dupla jornada". Na divisão tradicional do tempo, a atividade fora de casa delimitava o tempo de trabalho do homem: chegar em casa significava descansar. Para a mulher, significava começar o trabalho de casa, sem remuneração ou reconhecimento. A desigualdade nas concepções do tempo do homem e da mulher se refletia, em última instância, como uma forma de manter o poder hegemônico masculino.

Uma outra lição que aprendemos é a relativizar essa noção da chegada no mercado de trabalho: como lembram várias autoras, quando colocamos em cena questões étnicas e de classe, a situação fica mais complicada. As desigualdades não são divisões rígidas, por exemplo, "ricos e pobres" ou "homens e mulheres". Cada componente, como etnia, idade, gênero, faixa de renda, grau de instrução, faz diferença na hora de ocuparmos um lugar na sociedade, e na maneira como seremos vistos pelos outros. Desigualdades nem sempre têm fronteiras definidas, e estão em movimento.

A medida da riqueza

Ao que parece, nossa sociedade parece cultivar um certo *glamour* ao redor da ideia de trabalhar além dos limites. A ideia de esticar o tempo de trabalho várias horas além do combinado (e pelas quais se é pago) às vezes é associada a conceitos como "comprometimento" e "dedicação". No entanto, cada vez mais as palavras *stress* e *burnout* vêm sendo associadas a esse tipo de comportamento – a extensão indefinida da jornada de trabalho pode eventualmente trazer riqueza e sucesso, mas pode ter efeitos colaterais muito sérios.

Uma reportagem de Bryan Lufkin publicada na BBC Worklife em 2021 destaca o "culto do excesso de trabalho (*overwork*)" como uma das características da sociedade contemporânea. Segundo o texto, ampliar o tempo de trabalho é visto como um "símbolo de status que nos coloca no caminho do sucesso", seja em termos financeiros ou na vitrine de sonhos das redes sociais. Essa ideia está por trás de frases como "faça o que você gosta e não trabalhará um só dia em sua vida".

Pode parecer bacana, mas pode também servir como justificativa para alguém enviar mensagens de trabalho para outra pessoa no meio da madrugada de um final de semana. O problema é que o dia continua tendo 24h, não importa o quanto sua profissão seja incrível.

A extensão do tempo de trabalho só pode ser feita às custas de outros tempos – em geral, aponta a reportagem, os primeiros a serem sacrificados são o tempo de lazer, com a família/amigos e o horário de sono. Os limites físicos e emocionais são colocados à prova todos os dias, criando não apenas uma sensação de exaustão constante, mas também, no final das contas, uma pergunta sobre o significado desse processo.

Era um domingo de 2009, e eu estava em um restaurante no bairro da Liberdade, em São Paulo, comendo um maravilhoso *katsudon*. O lugar costumava ficar lotado, então era recomendável chegar bem cedo. A certa altura, com quase todas as mesas ocupadas, chegou uma família – mãe, pai, dois filhos. Tudo normal, exceto pelo fato do pai estar carregando um *notebook* aberto, teclando com uma das mãos enquanto segurava o equipamento com a outra e andava no restaurante em direção à mesa.

Quando se sentaram, enquanto a mãe e os filhos olhavam o cardápio, o pai, sem desviar os olhos da tela, instalou-se e continuou, indiferente ao que estava acontecendo. Enquanto algumas pessoas tentavam desviar o olhar da cena, imagino que outras se perguntavam quais os motivos de alguém literalmente levar o trabalho para almoçar. Prazos curtos? Muito trabalho? Engajamento total com as atividades?

Segundo Christina Maslach, professora da Universidade da Califórnia, citada na reportagem de Lufkin, é quase "uma questão de honra e *status*" mostrar uma dedicação excessiva ao trabalho. Adaptando seu exemplo, podemos ver isso em frases como "trabalhei no feriado" ou "estou sempre conectado", em tom positivo, ou no simples fato de checar o *smartphone* a todo momento para responder mensagens profissionais durante as refeições ou passeios com família e amigos.

Por que trabalhar ininterruptamente?

Na análise de Marx, o objetivo da produção não é satisfazer uma necessidade, mas gerar lucro a ser investido em uma maior produção. A finalidade da mercadoria é gerar mais mercadoria, intermediada por um valor monetário. A produção não é voltada para a satisfação de um desejo, mas para a criação de novos.

Daí o aumento progressivo da jornada de trabalho: a produção não pode parar nunca, porque qualquer quebra na linha de produção significa perda de tempo. O processo gera uma constante aceleração do tempo – produzir mais, para distribuir mais, para conseguir mais capital e produzir mais. (Só a título de questionamento, isso nos levou a mexer com o tempo de vida do planeta a partir de uma exploração cada vez maior de seus recursos naturais desde meados do século XVI, mas acentuadamente nos últimos cento e cinquenta anos.)

Isso gera uma relação circular com o tempo: há uma necessidade de se trabalhar cada vez mais para ganhar a mesma coisa, em um ciclo de aceleração constante, como define Hartmut Rosa em seu livro *Aceleração*, publicado no Brasil em 2019: precisamos correr cada vez mais para nos mantermos no mesmo lugar.

O "imperativo dinâmico"

Logo no início de *Aceleração*, Rosa aponta um paradoxo: a Modernidade tinha, entre suas promessas, a libertação do ser humano do jugo dos dogmas e superstições, bem como de sua dependência da natureza. A tecnologia, sobretudo, permitiria às pessoas utilizarem seu tempo para o que quisessem.

Por que, então, estamos trabalhando mais?

Vinda originalmente da Física, a ideia de aceleração se refere ao tempo necessário para um corpo percorrer uma distância. Quanto mais esse tempo diminui, maior a aceleração – o exemplo mais simples seria a distância percorrida por um carro à medida que aumentamos a velocidade. Quando aceleramos, diminuímos o intervalo de tempo entre um ponto e outro: mais quilômetros em menos tempo.

Em termos sociais, com as devidas adaptações, o princípio é o mesmo: acelerar significa fazer mais coisas em menos tempo. É essa, de certa maneira, a sensação que inúmeras pessoas têm quando se fala da vida contemporânea: temos cada vez um número maior de atividades que precisam caber nas mesmas 24h, com prazos cada vez mais curtos. O conjunto das atividades, seja no trabalho, no lazer ou na vida pessoal, se pauta, sobretudo, na necessidade de ir sempre mais rápido.

Ser o primeiro a provocar algum tipo de desequilíbrio é uma grande vantagem: você lança a tendência e, imediatamente, acelera-se a busca por uma nova situação de equilíbrio dinâmico. Daí a procura incessante pelo novo, pela próxima grande ideia. A inovação está ligada diretamente às possibilidades de crescimento, vinculado, por sua vez, à competição: inovar significa sair na frente, ganhar dos outros em termos de produção e distribuição. Isso se faz às custas do tempo: como é necessário crescer mais e mais, é necessário inovar em intervalos de tempo cada vez menores – a lógica da aceleração.

No início dos anos de 2010, eu estava participando de um evento acadêmico em Caxias do Sul, RS, e decidi aproveitar a oportunidade para comprar algumas malhas. Em uma das lojas havia um cartaz informando que, a partir daquele mês, começariam a abrir aos domingos.

Na hora de pagar, perguntei ao caixa a razão do aviso. "Agora todo mundo abre", ele explicou, "e se a gente fecha tem prejuízo". A lógica da mercadoria é circular: se meu colega abre aos domingos, preciso abrir também. Se nós dois abrirmos, lojas de outros bairros vão funcionar também – afinal, ninguém quer ficar para trás.

Rosa vê um efeito colateral nisso: quanto mais se cresce hoje, mais se deve crescer amanhã; quanto mais se produz este ano, mais se deve produzir no próximo e assim por diante.

Daí a aceleração não ter como resultado qualquer alívio nas pressões que enfrentamos; ao contrário, ela tende a acentuar esse processo. A certa altura, a velocidade não se traduz em crescimento ou resultados melhores, mas apenas no passo necessário para continuar onde se está: estar *up to date* em tudo não significa estar à frente, mas potencialmente atrasado.

Da mercadoria à sociedade

O tempo da mercadoria é pautado por comprimir toda a duração no instante atual, o agora do consumo imediato, seguido do esquecimento do que foi consumido na perspectiva do que virá a seguir. Há pouco tempo para aproveitar a duração de qualquer coisa, inclusive da própria mercadoria.

A felicidade pautada na mercadoria é ligada ao tempo: está sempre próxima, muito próxima, mas, como o horizonte, se distancia quanto mais caminhamos em sua direção. Quando o futuro se torna presente já é tarde demais, e há outro melhor ainda prometido ali na frente.

Quando esse tempo pauta a relação entre as pessoas, o resultado é uma constante expectativa de que o próximo momento seja sempre melhor – o próximo emprego, o outro final de semana, a próxima saída com os amigos.

Uma vez ganho o jogo, não há praticamente tempo para comemorar: é necessário treinar mais e melhor, buscar novas táticas e estratégias, porque os concorrentes já estão pensando nisso. É preciso sempre um esforço extra, um passo adiante, uma hora suplementar de dedicação. Para ouvir, ao final, que tudo mudou novamente e é necessário começar outra vez. Não é à toa que estamos todas e todos tão cansados.

Fazer o melhor, no tempo certo

"Mas não é bom buscar sempre o melhor?", você pode, com toda a razão, perguntar.

Sem dúvida.

A busca pela excelência é uma das finalidades da vida humana destacadas desde a Grécia antiga: eles tinham um conceito, *arete*, que poderia ser traduzido como "virtude" ou "excelência", isto é, aquilo que está acima do comum – no latim, "excelência" vem de *excelsus*, algo no alto; se quiser pensar de maneira mais livre, aquilo que está "acima do céu" de tão bom. A busca da perfeição e da excelência, portanto, é um objetivo altamente valorizado desde os gregos.

Atingir a excelência, em qualquer área, exige tempo. Prática, disciplina e dedicação estão entre os ingredientes da excelência, e isso só se consegue com um período longo de atividade. Quem toca algum instrumento musical ou pratica algum esporte sabe disso: o tempo de treino ou de ensaio é crucial para o desenvolvimento de qualquer habilidade, e não há como pegar atalhos. Você não vai se tornar uma pianista ou uma ginasta excepcional da noite para o dia, e boa parte de suas atividades estão voltadas para a repetição de exercícios, em uma prática constante.

O problema não está em sua finalidade: é ótimo fazer o melhor, buscar ir mais além. A dificuldade está na exigência de fazer isso o tempo todo, de maneira artificial, fora de qualquer padrão ou ritmo do corpo e da mente humana. Na Modernidade, exige-se um nível de excelência sempre mais alto em períodos de tempo cada vez mais curtos.

A virtude, como os gregos já sabiam, requer tempo. E é possível, se quisermos, retomar esse ideal.

4
Tempo é ~~dinheiro~~ poder

Atrasa quem pode, espera quem tem juízo

tempo lento
espaço rápido
quanto mais penso
menos capto
Paulo Leminski. *Distraídos venceremos, p. 12.*

Responda rápido: quanto tempo você consegue esperar pela resposta depois de dizer "bom dia" para alguém? Ou, ao estender a mão para cumprimentá-la, se a pessoa não aperta a sua, quantos segundos você tem até começar a passar vergonha? Ao contrário, se você quer evitar alguém, quanto tempo de contato visual pode ser mantido? Raramente paramos para prestar atenção nessas atitudes, mas, em sua simplicidade, elas revelam algo importante: o tempo está diretamente ligado ao sucesso, ou fracasso, das nossas interações cotidianas.

Saber o tempo de agir é o resultado de um aprendizado que começa ainda na infância. Depois de alguns anos, se torna intuitivo. Esperamos receber a resposta de um cumprimento imediatamente: um "bom dia" deve ser respondido com menos de 1s de intervalo. Por outro lado, a outra pessoa deve esperar ao menos você terminar de falar: atropelar seu "bom dia" seria rude.

O tempo das interações

Organizamos nossas ações cotidianas ao redor do tempo definido para cada uma. Os eventos, mesmo os mais simples, devem acontecer de modo linear, no qual cada parte da ação tem um tempo definido. Ao pedir uma informação para alguém, por exemplo, começamos com uma saudação inicial mútua, que não deve ultrapassar uns poucos segundos. Qualquer demora a mais causaria estranhamento: se, após o "bom dia", a pessoa interessada ficar em silêncio e não entrar no assunto logo na sequência, provavelmente haverá algum tipo de comentário ("pode falar", "diga", "em que posso ajudar?"), indicando que o tempo está esgotado e a interação deve prosseguir ou ser encerrada.

Quando é necessário postergar esse começo, geralmente uma das pessoas avisa, referindo-se justamente ao tempo ("um momento por favor"), mas já deixa registrada a presença da outra. Por outro lado, esse "momento", espera-se, deve ser mesmo curto: um prolongamento excessivo, digamos, 1min de espera (uma eternidade quando se está diante de outra pessoa), provavelmente haverá um segundo contato, como um "oi" ou "então...", lembrando sua presença.

Assim como em uma peça de teatro, as interações cotidianas também obedecem a um ritmo muito preciso, um tempo bem marcado de ação sem o qual seu sentido pode ser radicalmente modificado. E, também como em uma representação teatral, o tempo de cada ação fala muito sobre a maneira como ela deve ser interpretada.

A comparação das interações humanas com uma peça de teatro, ao que tudo indica, foi desenvolvida pelo sociólogo canadense Erving Goffman em seu livro *A representação do eu na vida cotidiana*. Ele analisa as relações entre as pessoas utilizando uma metáfora teatral: diante dos outros, estamos representando uma *persona*, definida de acordo com a situação – e cada uma tem seu *script*.

Embora "representar" possa ter uma conotação negativa, como sinônimo de "fingir" ou "enganar", para Goffman o sentido é diferente: em cada situação, interagindo com outras pessoas, assumimos uma representação. Diante de um vendedor, você é a cliente; para a médica, você é o paciente, e provavelmente vão seguir um roteiro próprio desse tipo de relação. Daí a ideia de entender o cotidiano a partir da metáfora da dramaturgia.

E, assim como em uma peça de teatro, cada ação deve ser executada no momento certo. Basta algo ser dito 1s antes ou depois e todo o efeito dramático pode ser comprometido. Em nossas interações cotidianas, da mesma maneira, prestamos atenção nos detalhes do tempo para que qualquer relação, seja uma conversa entre amigos ou uma ação no trabalho, corra bem.

Em uma reunião profissional, por exemplo, quando a pessoa na coordenação faz uma pergunta mais tensa, deixando os participantes desconfortáveis, um dos indicadores dessa situação é uma demora prolongada na resposta, acompanhada, geralmente, de um desvio do olhar. Esse movimento é fundamental para ganhar tempo e pensar em algo para dizer. A espera por uma resposta certamente varia de acordo com a situação, mas um prolongamento de 10 a 20s já costuma ser o suficiente para a pessoa na coordenação demonstrar sua expectativa ("e então?", "alguém?").

Em uma cena do filme *Curtindo a vida adoidado*, durante uma aula de História, o professor tenta, sem nenhum sucesso, fazer seus alunos participarem, lançando questões para a sala. Ninguém responde, apesar das interpelações ("Alguém? Alguém? Alguém já ouviu falar nisso?"). Diante do silêncio, ele mesmo responde. O tempo vazio após a pergunta pontua a falta de interesse dos alunos pela aula, criando uma enorme sensação de desconforto.

O tempo é um marcador fundamental em nossos relacionamentos. As interações devem seguir um determinado ritmo, compatível com a expectativa criada para cada momento. Só notamos algo errado quando existe algum tipo de discrepância entre a expectativa e a realidade da interação.

Por exemplo, quando uma pessoa diz para outra, pela primeira vez, "eu te amo", espera-se, com sorte, que a resposta seja imediata (de preferência, "eu te amo também"), com um intervalo mínimo entre as duas declarações. Se a pessoa demora para responder, começamos imediatamente a buscar outros sinais para entender o significado desse intervalo: a pessoa parece emocionada? Feliz? Desconcertada? Ou ela está mentalmente calculando uma maneira simpática, ou pelo menos humanitária, de dizer "eu não"?

Quando é que se diz "eu te amo"?

De certa maneira, todas as relações sociais são construídas no tempo, com o tempo. Não se fica amigo, se apaixona ou ganha a confiança de alguém sem levar em conta o tempo necessário para isso. Não o tempo cronológico: duas pessoas podem descobrir que são melhores amigas em poucos minutos, e levar essa amizade para a vida. A questão é outra: relações sociais são desenvolvidas dentro de uma escala de tempo definida, com marcadores indicando a passagem de um momento de maior ou menor proximidade para outro.

Na interação entre duas pessoas existe um tempo recíproco de aproximação, no qual barreiras são progressivamente superadas dentro de um ritmo construído mutuamente. Quando um dos participantes avança demais, o outro tende a se sentir invadido: é "muito cedo" para determinada atitude ou pergunta. Em outras situações, se a pessoa não diz algo na hora, pode perder o momento certo para uma ação.

Nas relações de amizade, por exemplo, há um progressivo desvelar de histórias pessoais, preferências, considerações a respeito da vida, revelação de posições políticas ou religiosas. Comentários muito pessoais, espera-se, só serão feitos após um tempo - variável conforme a amizade, mas sempre depois de uma relação inicial: você não começa a contar seus segredos mais complicados para alguém de quem acabou de ficar amigo. Isso surpreenderia a outra pessoa: você pulou várias etapas, momentos de uma progressiva aproximação - sem falar na surpresa pelo teor dos segredos.

No ambiente de trabalho, o estabelecimento de relações de maior proximidade com os colegas de mesmo nível obedece a um tempo diferente da interação com pessoas de outras escalas - se vier a acontecer, variando de acordo com a organização.

Da mesma maneira, em um relacionamento amoroso, existe a expectativa de um tempo antes de uma declaração de amor. As frases usadas para definir a situação ("eu te amo" ou "quer namorar comigo?") respeitam uma ordem no tempo, indicando o início de uma nova dimensão do relacionamento.

Daí a pergunta: com quanto tempo de relacionamento se pode dizer "eu te amo"? Antes do início de um namoro? Só depois de um pedido formal? Nunca? Todos os dias? Essas perguntas, embora tenham um aspecto pessoal, mostram como o tempo demarca a progressão de nossas interações cotidianas. Os tempos de uma relação mostram as características da maneira de pensar das pessoas envolvidas.

Em épocas passadas, o ritmo das interações era muito mais definido. Os momentos de um relacionamento amoroso, por exemplo, eram fixados em termos da proximidade: flerte, namoro, noivado, casamento. O primeiro era geralmente rápido e deixado, até certo ponto, ao acaso, mas os itens centrais tinham tempo definido: namorar ou ficar noivo por muito tempo indicava um sinal de alerta ("está enrolando a moça", segundo a mentalidade da época).

Na sociedade contemporânea, esse tipo de limite rígido pode ser bem mais raro, com as etapas de uma relação seguindo um ritmo mais fluido. Mesmo assim, de um contato inicial até o estabelecimento de uma relação que se pretende duradoura, cada etapa tem seu tempo a ser respeitado – o desrespeito, aliás, é um sintoma a ser pensado com cuidado no âmbito das relações pessoais.

Expectativa e esperança

Para começar, podemos, com alguma liberdade, relacionar a palavra "espera" com duas raízes. De um lado, a palavra "expectativa", do latim *expectare*, "olhar para aquilo que está vindo" ou "olhar para o futuro". Isso colocaria a noção de espera como uma antecipação de algo que virá. Uma espera é sempre uma situação de falta, de ausência, de necessidade.

No entanto, esperar significa que não estou conformado com essa falta e vou procurar modificar essa situação: no começo de "espera", as letras *e-s-p* formam também o início de "esperança", e isso remete à intensidade do campo do desejo. Só espero quando tenho algum tipo de relação de afeto com o que estou aguardando – pode ser a antecipação de uma alegria, da satisfação de uma necessidade, de algo prestes a acontecer e que, de alguma maneira, precisa acontecer, mesmo sendo negativo.

A ideia de "esperar" mostra a intensidade de relação com o futuro: posso ter a expectativa de que algo ocorra, e a esperança de que seja bom. Mesmo esperando algo ruim, minha relação com o futuro não se altera em termos de intensidade. O oposto da espera é a indiferença: quando digo "tanto faz" em relação ao futuro, mostro uma diminuição, quase uma ausência, desse desejo do porvir, qualidade fundamental de toda espera, expectativa e esperança.

O final de qualquer tipo de relação é decretado quando paramos, ou desistimos, de esperar: retiramos do objeto o investimento afetivo que nos mantinha ligados a ele, interrompemos o vínculo formado pela intensidade de nossas expectativas.

"Não espero nada de você" é uma expressão reveladora desse desligamento, e mostra não apenas o final de um tipo de relação, mas também do fim de um vínculo pautado pela expectativa de preenchimento de uma falta – e a espera se caracteriza exatamente por isso. Ao desistir de esperar por alguém, percebemos a quantidade e intensidade de tempo que dedicamos à pessoa. "Não espero nada de você" mostra que a pessoa foi retirada do campo de desejo da outra, e a intensidade de qualquer relação diminui imediatamente.

Esse abandono não é fácil nem simples, e o vazio restante é preenchido por uma sensação de frustração e tristeza: deixar de esperar significa abandonar algo que, até então, se desejava intensamente. Você sai da fila quando percebe que não vai ser atendido, ou não tem o produto esperado; deixa de esperar um amigo atrasado e o passeio vai por água abaixo; a pessoa não chega para a reunião e todo o planejamento precisa ser refeito; alguém não responde sua mensagem e, depois de um tempo (horas? dias? anos?), você desiste da resposta. Talvez da pessoa.

A fila anda, certo?

Na economia social do tempo, a espera indica um problema de oferta e procura por alguma coisa, com a demanda superando a disponibilidade. Essa característica se espalha por toda a sociedade, seja em situações mais leves, como esperar por uma mesa em um restaurante, seja em questões críticas, como a espera pelo atendimento no sistema de saúde. O tempo de espera deriva da escassez, e sua administração está ligada às possibilidades econômicas de cada pessoa ou grupo. Fica na fila quem não tem condições de passar na frente, de ir para outro lugar e ser atendido imediatamente.

Em muitas situações cotidianas nas quais existe alguma diferença entre oferta e procura, organiza-se o acesso ao bem ou ao serviço a partir de uma divisão do tempo de espera.

Kinneret Lahad, professora da Universidade de Tel Aviv, conta que suas pesquisas sobre o tempo de espera começaram a partir de um estudo sobre a vida de mulheres solteiras e as cobranças sobre elas. Ser solteira não era visto como uma condição ou escolha, mas como um tempo de espera. "Não pude deixar de notar que um dos aspectos principais desses clichês era o tempo. 'No final ela vai terminar sozinha' ou 'o que ela está esperando?' estavam entre meus pontos de partida", explica a pesquisadora.

O tempo de espera, em alguns casos, é transformado em uma mercadoria, com sua redução atrelada ao investimento financeiro: para não esperar é necessário algum capital na compra desse tempo. Não é preciso ir muito longe para ver exemplos: em muitos aplicativos a modalidade gratuita tem pausas e anúncios durante o funcionamento. Para eliminá-los, é necessário adquirir a versão paga. Nos aeroportos, os passageiros da primeira classe embarcam antes de quem está nas classes intermediárias ou na econômica, com menos tempo de espera em pé, na fila.

A coisa muda completamente de figura quando pensamos em situações mais graves – a desigualdade no tempo de atendimento em questões de saúde, por exemplo: a possibilidade de pagar por uma consulta particular permite escolher a data, enquanto, para quem não tem essa prerrogativa, deve-se aguardar o dia e horário estipulado de acordo com a disponibilidade do serviço. A eliminação financeira da espera, em casos como esse, indica o quanto nossa relação com o tempo está ligada às condições sociais.

Curiosamente, existem alguns momentos em que a distribuição da espera é feita de maneira igualitária, ao menos em teoria. Como lembram os antropólogos Roberto DaMatta e Alberto Junqueira no livro *Fila e democracia*, as filas são, ou deveriam ser, espaços plenamente democráticos, nos quais todo mundo deve esperar sua vez. Seguindo em parte a argumentação dos autores, quando estamos na fila, somos todos iguais na necessidade de lidar com a demora e na perspectiva de realização de nossas expectativas – o motivo pelo qual estamos na fila. Por isso, aliás, o ato de furar a fila (quem nunca viu isso?) costuma gerar protestos: se eu estou aqui há tanto tempo, você também vai esperar.

A espera como desejo

Daí a possibilidade de prolongarmos o tempo de espera de acordo apenas com o investimento afetivo feito nele: você pode aguardar o quanto for se acreditar na possibilidade de alcançar seu objetivo. A espera, portanto, está também inscrita no domínio da crença. Caso contrário, você abandona a espera. O contrário do ato de esperar jogando com a linguagem, é "des-esperar", o desespero.

Não por acaso, um dos principais produtos à venda na sociedade contemporânea é esse desejo de futuro, ancorado na espera de algo melhor. A espera no momento presente só se torna significativa quando ligada a essa crença em um futuro melhor. Esse futuro, no entanto, precisa ser mostrado como possível e, de preferência, muito próximo, quase ao alcance da mão: a espera por algo muito distante no tempo pode ser frustrada rapidamente, ocupada pelas necessidades mais urgentes.

O tempo de espera é prolongado a partir da incerteza em relação ao seu término, esticando o investimento do desejo até o máximo possível. Ao mesmo tempo, essa espera não pode ser indefinidamente prolongada sem sinais de que as coisas estão caminhando para sua finalidade.

Uma espera sem previsão de término coloca em dúvida a validade de aguardar. Quando estamos no ponto esperando nosso ônibus, participamos de um paradoxo temporal: quanto maior a demora, mais próximo ele está. Por isso, desistir no primeiro minuto é mais vantajoso do que aguardar dez ou quinze. No entanto, não sabemos de antemão se vamos ficar esperando 10 minutos. Ele pode aparecer a qualquer momento, e pode ser no próximo minuto. Essa expectativa nos faz esperar: pode acontecer. Daí o ato de espera ser um tempo preenchido pela expectativa, pela esperança e pela crença na possibilidade de um determinado evento para encerrar essa situação, de preferência, da maneira que gostaríamos.

A política do tempo de espera

Se a espera está ancorada no desejo, é necessário mostrar sua realização como algo logo ali, bem próximo. Retomando o argumento, é mostrar que basta um esforço a mais. 1h a mais de trabalho. Um dia a mais de atividade. Uma renúncia ao desejo imediato em nome de algo maior no futuro. Veja, aquela pessoa no vídeo da internet já conseguiu, só falta você. A administração da espera é também a organização do tempo do desejo: ele não pode ser prolongado indefinidamente sem paliativos – por exemplo, sinais de que o futuro está próximo e as coisas estão mudando. A lógica da espera é a mesma: o próximo pode ser você, então vale a pena aguardar.

Paradoxalmente, quanto mais esse "breve" é anunciado, mais distante pode ficar. A cada nova garantia do resultado, controla-se parcialmente a expectativa e ganha-se mais um tempo de espera. Indicar a realização do desejo como algo próximo pode ser tanto um paliativo para o período de aguardo quanto um estímulo para continuar esperando até sua finalização.

Deixar uma pessoa ou um grupo esperando é mantê-la em uma situação de indefinição na qual nada acontece, mas qualquer coisa pode acontecer.

Quando essa espera indefinida se estende por todos os domínios da vida, como parece ser o caso da sociedade contemporânea, o tempo de aguardo no qual se anseia por algum tipo de definição é preenchido por essa agitação a respeito do que vai acontecer. Manter alguém esperando é, de certa maneira, uma forma de mantê-lo em uma tensão constante. O resultado pode ser um sentimento de ansiedade, predominante quando, na ausência de qualquer certeza, só se pode aguardar - uma sociedade da expectativa.

Atrasa quem pode, espera quem tem juízo

A divisão do tempo revela muito sobre qual é o lugar ocupado por alguém na sociedade. O tempo de espera, por exemplo, costuma ser inversamente proporcional ao poder da pessoa em uma situação.

Exigir algo agora mesmo, já, imediatamente, é o ponto máximo: você deve estar realmente muito seguro de si para fazer isso. É uma demonstração, para quem quiser ver, de seu poder: você pode fazer com que uma pessoa ou um grupo interrompa o tempo de suas atividades para servir ao *seu* tempo.

No outro lado da escala, aqueles que devem esperar sem qualquer reclamação. Se a expressão diz "manda quem pode, obedece quem tem juízo" (frase, aliás, amplamente reveladora da violência simbólica de uma situação), seria possível adaptar: "demanda agora quem pode, espera quem tem juízo".

Na sociedade, os tempos de espera estão ligados a várias situações e momentos, e seria difícil reduzir toda essa variedade a uma única análise. Do ato de esperar a namorada até aguardar o resultado de um processo seletivo, do tempo enquanto um prato não chega em um restaurante até a duração de um tratamento de saúde, o ato de esperar parece se misturar a quase todas as nossas ações, e sempre de uma maneira diferente. No entanto, podemos encontrar alguns denominadores comuns sobre o significado da espera, do tempo lento, na vida contemporânea. Um tempo cada vez mais raro, sempre preenchido.

Quem pode esperar?

Existe uma diferença fundamental entre esperar e ser esperado, decorrente do prestígio e da posição social de cada uma das pessoas envolvidas em uma situação. A capacidade de se fazer esperar é a situação oposta de aguardar por alguém, e os desníveis nas relações sociais ficam particularmente visíveis nesses momentos.

Nas hierarquias do mundo social, a pessoa em uma posição mais alta pode fazer os outros esperarem por ela. Em uma organização, se alguém é chamado para uma reunião com um gestor vários níveis acima, o tempo de espera é regulado por este último. Ele pode se fazer esperar indefinidamente pelo funcionário; no limite, pode remarcar o compromisso para outro dia. Aguarda-se, dentro de uma questão de polidez e civilidade, uma justificativa e um pedido de desculpas: não se usa o tempo dos outros de maneira leviana.

O tempo de espera tem valores diferentes de acordo com a posição de uma pessoa em relação às outras. Quanto mais alta a posição, maior o valor atribuído ao seu tempo e a possibilidade de dispor do tempo dos outros. De maneira mais simples, a pessoa em uma posição mais alta pode se atrasar para um compromisso, enquanto as outras, em níveis mais baixos, precisam ser pontuais. Você não se atrasa deliberadamente para uma reunião com sua gestora, e precisa se justificar quando isso acontece: um atraso dela não provoca problemas na sua avaliação ou expectativa de desempenho.

Nada representa melhor as relações de poder em uma sociedade do que o controle do tempo. A definição dos horários, o estabelecimento de turnos, a decisão sobre horas de entrada e saída, bem como as normas sobre o que fazer em cada horário mostram, de maneira aguda, quais são as formas de exercício de poder em um determinado grupo – e, a partir daí, é possível ter uma ideia de como isso acontece no conjunto da sociedade.

Espere sua vez de falar

Podemos observar isso em uma conversa. E não precisa ser sobre nenhum assunto mais sério ou relevante. Na verdade, em qualquer diálogo é possível notar como as relações sociais são mediadas pelo controle do tempo. As interações entre as pessoas são reguladas pelo tempo de fala disponível para cada uma, e isso depende da relação entre elas.

Em uma conversa, a vez de cada pessoa falar ou ficar quieta é chamada de "turno de fala". Em uma interação social, a civilidade da situação é mostrada, ou deveria ser, pelo fato de cada pessoa aguardar seu tempo, respeitando os turnos de fala. Isso demonstra o respeito pelo que está sendo dito, mesmo quando se discorda radicalmente.

Quando a conversa vai ficando tensa, um dos primeiros sinais é a diminuição dos turnos de fala pela interrupção de outras pessoas: o desrespeito ao tempo de fala e escuta é um sinal de que a comunicação está ficando rarefeita. Se não há uma intervenção para acalmar os ânimos ("um de cada vez, gente"), o limite de tempo pode chegar a zero, interrompendo definitivamente a interação.

A duração de um turno de fala depende da situação da conversa, e podem ser definidos tanto de maneira mais rigorosa (p. ex., o tempo de cada pergunta após uma palestra) quanto a partir da prática: afinal já participamos de uma conversa semelhante e sabemos, ou imaginamos saber, qual é o tempo de cada um para falar.

Evidentemente não estou levando em conta, aqui, o conteúdo de uma fala. Uma fala de dois segundos pode derrubar o conteúdo de uma hora. Ao final de uma longa exposição de um projeto, o gestor de uma organização pode simplesmente dizer "não" e está encerrado.

Aprendemos essa noção na prática, ainda crianças, quando interrompemos alguém e ouvimos a frase "espere sua vez de falar". Saber o momento de falar e ouvir não é apenas uma parte fundamental da vida em sociedade. Não por acaso, o desrespeito à ordem dos turnos de fala pode ser interpretado como algum tipo de afronta ou provocação – ou demonstração do poder de falar por quanto tempo quiser, sem ser interrompido.

Em uma padaria, por exemplo, espera-se ampla agilidade nos turnos de fala quando um cliente faz um pedido. Pequenos esclarecimentos podem ser tolerados ("de que é esse pão doce?"), com respostas igualmente breves, assim como rápidas demonstrações de proximidade ("E aí, corinthiano, tudo bem?", "E seu time?"), mas interações mais demoradas certamente causariam estranheza e, no limite, reclamações.

Mas nem todas as situações são definidas dessa maneira. Momentos de maior complexidade podem requerer, por exemplo, um acordo mais detalhado a respeito do tempo de fala e seu correlato, o tempo de escuta.

Tempo de fala, tempo de escuta

Se uma amiga vem desabafar com a gente, seus turnos de fala tendem a ser bem maiores do que o nosso. Não ficamos interrompendo a toda hora, fazendo comentários ou procurando uma brecha para falar. Espera-se de nós um momento de escuta, o tempo de acolhida para sua fala, e um excesso de interrupções pode significar uma tentativa de assumir o protagonismo da conversa. Os turnos de fala continuam existindo, e espera-se de você uma escuta demonstrando atenção, revelada não apenas no ato de ouvir, mas também no olhar, nos gestos e falas voltadas para desenvolver a conversa.

A demonstração de afeto no campo da escuta está ligada ao tempo dedicado a ouvir os outros. Tempo, aliás, cada vez mais curto em uma sociedade na qual, parece, falamos demais, curtimos demais, postamos demais, e esquecemos de ouvir. E, às vezes, de nossa necessidade de sermos ouvidos.

Quando interrompemos constantemente, tentando cortar a fala da pessoa e colocar a nossa em seu lugar, estamos mostrando que simplesmente não reconhecemos nosso interlocutor como digno do tempo de fala e de nossa escuta atenta. Interromper o tempo de fala do outro significa se posicionar em um lugar pretensamente superior: minha fala deve ser ouvida com uma atenção, mas a do outro pouco importa.

Não sei se é verdade, mas ouvi essa história anos atrás. Era um evento, e, após a palestra inicial, cada participante tinha alguns minutos para considerações e perguntas. A certa altura, um dos participantes interrompeu o colega falando:

"Posso fazer um aparte?"

"Já, já, só queria concluir minha pergunta por favor."

Sem esperar, ele retrucou:

"Não posso fazer meu aparte?"

"Pode, só quero concluir a pergunta. Eu estava dizendo que..."

"Você não vai me deixar falar?"

"Só finalizando. Eu disse que..."

"Não vai me deixar falar? Não posso falar?"

A situação se prolongou até uma manifestação dos participantes pedindo respeito pela vez do colega.

A distribuição do tempo de fala

O controle do tempo nas interações é também uma maneira de indicar as relações de poder em uma situação. Em uma organização mais rígida, o tempo de fala das pessoas em uma posição mais alta pode ser maior, distribuindo-se de maneira desigual ao longo da escala até chegar nas pessoas que simplesmente não vão conseguir falar, ou devem falar rápido e encerrar logo sua participação. O corte na fala de outras pessoas, a interrupção brusca, também indica essa relação: tempo é poder.

O limite desse tipo de situação é regular o próprio tempo de fala. O pronunciamento da liderança de uma organização, por exemplo, pode durar o quanto a pessoa quiser: dificilmente alguém vai interromper ("senhor, seu tempo acabou, cale-se por gentileza") sem ser solicitado. O direito à fala começa com a conquista de um direito ao tempo de fala. O poder se torna visível não só no que é dito, mas também por quanto tempo é dito. Utilizar essa prerrogativa é uma maneira de mostrar quem está no controle de uma situação.

Em uma família, por exemplo, o tempo de fala está ligado às relações de gênero e faixa etária. Historicamente, o tempo de fala masculino, sobretudo da figura paterna, sempre foi privilegiado como o mais importante, delimitando os momentos de silêncio dos outros. Os turnos de fala, regulados pela figura masculina, muitas vezes simplesmente eliminavam os outros turnos, interrompendo as falas ou reduzindo sua importância ao mostrar plena desatenção no que estava sendo dito.

Isso pode se aplicar também às relações entre faixas etárias.

O tempo de fala de crianças e velhos, por exemplo, pode ser consideravelmente menor do que o de outras pessoas. Parte-se do altamente questionável princípio de que suas falas são menos importantes – um porque ainda não sabe do que está falando, outro porque não sabe mais o que diz. Essas duas formas de violência simbólica colocam em cruzamento o tempo de fala, de um lado, e o tempo de vida, de outro.

Esse tipo de atitude pode reforçar a sensação de uma pessoa de não ter importância dentro de um grupo: seu tempo pequeno, às vezes nulo, indica a pouca relevância atribuída a ela.

No mesmo sentido, os tempos de fala dominados, em uma situação, estão sempre sujeitos à interrupção, seja pelo questionamento abrupto, seja pelo descaso com a linearidade da fala. A ordem para diminuir o tempo, acelerando a narrativa ("isso não importa, vai logo ao que interessa"), é outra afirmação de uma fala dominante diante das demais, mostrando quais tempos de fala devem ou não ser respeitados.

No encerramento de uma reunião de trabalho, quando a gestora pede breves comentários finais, não existe um tempo rígido estipulado ("brevemente" pode significar coisas bem diferentes para cada pessoa), mas espera-se intervenções de 1 ou 2min. Se alguém passa disso, pequenos sinais começam a mostrar um certo desconforto: movimentos do corpo nas cadeiras ou trocas de expressões faciais entre os participantes ou olhares de súplica para a gestora ("por favor, faça alguma coisa"). No limite, a pessoa a cargo da situação retoma o controle do tempo ("por favor, conclua"; "termine sua argumentação por favor").

O tempo de fala em algumas situações é um indício do prestígio do indivíduo perante o grupo. Mantendo o exemplo da reunião, se um gestor concede um tempo de fala maior a uma pessoa, mas logo corta outra, pode ser uma demonstração da importância atribuída a cada uma – sinal a ser entendido em qualquer ambiente.

"Tempo de silêncio"

Tiempo de silencio é o título de um romance do escritor espanhol Luís Martin-Santos publicado em 1962. Embora o livro não trate do tempo em si, utiliza sua imagem, associada ao silêncio, para se referir à época atual – escrevendo pouco depois da metade do século XX, vale lembrar. O silêncio ao qual o autor se refere não é o silenciamento de pessoas ou grupos por outros, mas o silêncio difuso de um tempo no qual todos falam, e o excesso de sons, ao mesmo tempo, contínuos, formam uma paisagem sonora na qual, paradoxalmente, não se escuta nada.

Talvez, além de aprender a falar, seja necessário desenvolver em nós um tempo de escuta igualmente relevante, no qual a fala do outro seja acolhida dentro de sua duração. Só temos o diálogo como prevenção e antídoto da barbárie, e o tempo de fala, acompanhado do tempo de escuta, estão entre suas matérias-primas.

5
Você disse "tempo livre"?

Tempo presente e tempo passado
Estão ambos talvez presentes no tempo futuro,
E o tempo futuro contido no tempo passado.
Se todo o tempo é eternamente presente,
Todo o tempo é irredimível.
T.S. Eliott. *Quatro quartetos, p. 236.*

Nas vésperas de sua viagem lua de mel para Nova York, um casal de amigos veio fazer uma visita. O noivo, entusiasmado, falou dos planos que tinha com a futura esposa. Queriam conhecer os pontos turísticos mais famosos, como o Central Park e a Estátua da Liberdade, e assistir a algum musical na Broadway.

"Está tudo pronto aqui", ele disse, mostrando o celular.

Olhei mais de perto. Ele abriu uma planilha detalhada, com as atividades para manhã, tarde e noite de cada dia em Nova York, incluindo horários de almoço e jantar.

"Ele só não colocou o horário em que a gente vai se divertir", disse ela, olhando em diagonal para o entusiasmo dele.

"Precisamos planejar direito", ele respondeu. "O investimento é muito alto para dar sorte ao azar."

"Mas só faltou colocar quantos passos a gente vai dar por dia", ela disse. E, virando para mim, completou: "A gente não vai fazer um passeio, vai cumprir um cronograma".

Eles foram, mas logo na tarde do primeiro dia ela se livrou dos planos e foram tomar vinho em um restaurante em Greenwich Village, local clássico de artistas e intelectuais. *In vino veritas*, também sobre o tempo.

Essa situação mostra uma das principais características da sociedade contemporânea: a racionalização do tempo de diversão, buscando extrair dele o máximo de produção – paradoxalmente, a produtividade do descanso. O tempo livre é limitado por um tempo de trabalho progressivamente maior. Por isso, planejar as atividades desse período para conseguir o máximo de diversão vem se tornando uma das principais preocupações da sociedade em relação ao tempo.

Para a maior parte das pessoas, o tempo livre é uma invenção recente, conquistado às custas de muitas lutas e reivindicações de trabalhadoras e trabalhadores desde a segunda metade do século XIX. O resultado desse longo processo foi o estabelecimento, pelo menos oficial, de uma jornada de 8h diárias de atividade. O dia não poderia se limitar ao horário de trabalho e o tempo de sono. Era necessário algo além disso.

Pela primeira vez, a ideia de ter um "tempo livre" começava a ganhar espaço na sociedade. Até então, a possibilidade de ter um horário para outras atividades estava restrita à classe média e aos estratos mais altos da sociedade; como resultado dessa mudança, uma parte maior da população passou a ter períodos nos quais não está trabalhando.

Isso leva a outra questão: o quanto o tempo livre é, de fato, "livre"?

O que há de livre no tempo de descanso

Em 1969, o filósofo alemão Theodor W. Adorno publicou um texto intitulado "Tempo livre", no qual arrisca uma pergunta: será que não estamos planejando nosso tempo de descanso como se fosse uma atividade profissional? Na Modernidade, responde, até o tempo livre é organizado em termos de produtividade: *devemos* nos divertir, *precisamos* relaxar. É necessário utilizar ao máximo essas horas livres como um período de produção – a produção de descanso, ancorada na diversão, sustentada por emoções positivas e pela satisfação dos sentidos.

Há uma curiosa obrigação de ser feliz nos horários definidos para isso, como as noites de sexta-feira e sábado. (A do domingo, em geral, seria somente uma triste preparação para a retomada do trabalho na segunda-feira.) A diversão se torna quase compulsória no sentido de aproveitar ao máximo os momentos reservados a ela. Não se trata de hedonismo, porque a busca não é só pelo prazer, mas pela compensação das atividades do tempo de trabalho.

Adorno, em seu texto, não está evidentemente criticando a diversão, a necessidade de descanso ou a busca por alegria. Seu alvo é a maneira como essas atividades são planejadas na mesma lógica do tempo de trabalho: organização, horários e prazos são alguns dos ingredientes desses momentos.

Então, pergunta, por que precisamos de atividades para esquecer do tempo de trabalho? Para ele, isso revela outro aspecto da sociedade: se preciso do meu tempo livre para fazer o que gosto, no meu tempo de trabalho, faço o que *não* gosto.

Adorno não deixa de ver a possibilidade de o trabalho ser uma fonte de alegria, sentido e satisfação. Ao contrário, usando um exemplo pessoal, fala de como gosta de sua profissão – lecionar e pesquisar na universidade. Mas questiona quantas pessoas podem se dar ao luxo de fazer realmente o que gostam e ainda ganhar dinheiro com isso.

A frase "faça o que gosta e você não vai trabalhar um só dia", ao que parece, está distante da maior parte das pessoas. Nada impede de nos sentirmos plenamente realizados com nosso trabalho: a questão é quanta gente pode compartilhar dessa situação. Para a maioria da população, a ideia de "fazer o que gosta" não está associada ao tempo de trabalho, assumido como momento de garantir sua sobrevivência, mas ao tempo livre.

Essa é uma de suas condições: ser planejado como compensação diante de um tempo de trabalho realizado sem grande satisfação em si. As atividades do tempo livre revelariam os verdadeiros gostos e motivações de alguém, em contraste com o tempo obrigatório. Se o tempo de trabalho tem como motivação a remuneração, o tempo livre estaria reservado para as atividades dotadas de algum sentido maior – namorar, torcer pelo seu time, ir à igreja ou a um show, por exemplo.

Isso não diz respeito, evidentemente, ao ambiente de trabalho ou às atividades relacionadas. Mesmo fazendo o que se gosta, certamente há momentos e tarefas mais agradáveis do que outras. É preciso tomar cuidado para não cair na armadilha de ficar entre um tempo de trabalho "ruim" compensado por um tempo livre "bom". Adorno destaca a complexa relação entre esses dois momentos: o tempo livre se entrelaça com o tempo de trabalho de várias maneiras.

A administração do tempo livre

Outro ponto diz respeito à maneira como as atividades do tempo livre se tornaram uma das principais formas de trabalho contemporâneo. Há toda uma indústria do entretenimento dirigida a ocupar esses momentos com atividades voltadas para tirar as pessoas de sua rotina.

O tempo livre é colonizado pela mesma lógica de produção de outras instâncias da sociedade: a satisfação e a felicidade são mostradas como o resultado da aquisição de bens e serviços voltados para a diversão. O entretenimento é pensado para a satisfação imediata do consumidor, interessante o suficiente para desligá-lo do tempo de trabalho, mas pautada por uma lógica semelhante. É possível ver isso em empresas de viagens, nos parques temáticos, na organização de festas, festivais e eventos, assim como na indústria dos *best sellers* e dos *influencers*, no ambiente dos jogos digitais, editoras, gravadoras, produtores de conteúdo e serviços de *streaming*. O circuito do entretenimento depende da existência de um tempo livre a ser preenchido de acordo com seu estilo de vida.

Isso leva a um outro ponto: tempo livre custa dinheiro.

E pode custar *muito* dinheiro.

O imaginário do tempo livre

O tempo livre, paradoxalmente, precisa ser ocupado. A existência de toda uma indústria voltada para isso diz algo a respeito de nossa relação com esses momentos: nossa sociedade parece ter desenvolvido um curioso horror ao tempo lento, e mais ainda ao tédio, em uma desesperada tentativa de ocupar cada momento para torná-lo interessante.

A raiz da palavra "diversão" sugere isso: "divertir" está ligado a *divertere*, "mudar", "transformar". A palavra "verter", como em "verso" ou "versão", também está próxima dessa concepção: "girar" ou "mudar de lado". O tempo livre deve divertir, no sentido de desviar da rotina, até o ponto de esquecermos dela.

Há todo um imaginário do tempo livre como momento perfeito e completo em si, livre das preocupações, radicalmente oposto aos problemas comuns e às atividades cotidianas. Por isso criamos tanta expectativa em relação aos momentos de diversão: compartilhamos, socialmente, a noção das atividades ideais para cada momento.

As imagens estereotipadas de um "verão" ou "férias perfeitas", do programa romântico em um chalé nas montanhas, a ida a lugares "distantes" para ter "contato com a natureza". E, sobretudo, um destaque para a noção de autenticidade: o tempo livre é mostrado como oportunidade de vivências autênticas, em contraponto às atividades corriqueiras e pré-programadas do cotidiano. A viagem é a chance de experimentar a "autêntica" vida em outro lugar, o restaurante temático oferece a "autêntica" comida de uma região, o descanso é uma "autêntica" experiência de relaxamento ou para momentos perfeitos a dois ou com a família.

A diferença, evidentemente, está no acesso. Tempo livre, ao que parece, é para quem pode.

Tempo livre e capital cultural

Em primeiro lugar, dependendo das condições de trabalho, haverá um maior ou menor número de horas, ou dias, de descanso remunerado. "Neste caso, o tempo de trabalho não é mais de forma alguma a medida da riqueza, mas o tempo disponível", lembra Marx na página 591 de seu livro *Grundrisse*.

Oficialmente, a jornada de trabalho de 44h semanais permite a todas as pessoas um dia e meio de descanso. No entanto, para uma parcela da população, o modelo é uma folga semanal – dependendo das condições de vida, nem isso.

A quantidade de tempo livre define também a maneira como ele será empregado. A ideia de "férias em família", por exemplo, só é possível se o tempo de trabalho e estudo de todos forem compatíveis. Só é possível viajar com amigos no feriado se ninguém tiver algum plantão ou escala para cumprir. Mesmo sair em uma noite de sexta-feira ou de sábado significa ter esse tempo livre.

Mas a diferença não se resume à quantidade. A maneira como vamos aproveitá-lo depende de um outro fator: nossa noção de diversão. Para uma pessoa, ir a um concerto pode ser a maneira ideal de preencher o tempo livre, enquanto para outra isso seria tremendamente entediante; assistir a um jogo de futebol pode ser absolutamente chato para alguém, tanto quanto outra pessoa se sentiria em uma mostra de arte contemporânea.

A maneira mais simples de encerrar o assunto seria dizer "gosto não se discute" e pronto, cada pessoa usa seu tempo livre como quiser, certo?

Para o sociólogo francês Pierre Bourdieu, não. A pergunta é outra: por que temos tanta pressa de encerrar discussões sobre o gosto? Em seu livro *A Distinção*, ele propõe uma ousada ideia a respeito disso: a gente não gosta do que quer, mas do que pode. Gostar de um filme ou de uma música, argumenta, não é resultado de uma escolha natural: o gosto, e sobretudo o chamado "bom gosto", não é dado, é adquirido. Essa aquisição depende, lembra Bourdieu, das oportunidades de uma pessoa para entrar em contato com determinadas manifestações culturais, por exemplo.

Para boa parte da população, por exemplo, o acesso a museus é bastante restrito.

"Mas tem dias em que o ingresso tem desconto ou a entrada é gratuita", você pode dizer. Sem dúvida, mas isso deixa de lado um ponto importante: o dinheiro em si não é tudo na hora de escolher como vou preencher meu tempo livre. Há um outro tipo de valor, chamado por Bourdieu de *capital cultural*. Em linhas gerais, poderia ser definido como a capacidade de uma pessoa para entender e apreciar produções culturais, como uma música, um livro ou uma série de televisão. É a formação necessária para estar disposto a gostar, ou não, de alguma coisa.

A decisão de ir a uma exposição de arte contemporânea em seu dia de folga não é motivada exclusivamente pela questão econômica. As entradas podem ser gratuitas, mas há outros fatores em jogo. Essa escolha depende de outra pergunta: o que eu vou fazer lá? Qualquer um, a princípio, pode ir. Mas quanta gente acharia incrível dedicar seu limitado tempo livre olhando instalações e obras de arte?

Bourdieu não está dizendo que uma pessoa não pode simplesmente gostar de uma obra de arte, de um filme ou de um livro. Mantendo o exemplo, qualquer um pode ir a um museu e achar as peças absolutamente provocadoras. Mas, em geral, nossa tendência é buscar produtos culturais mais afins com nosso conhecimento e gosto – em outras palavras, adequados ao nosso estilo de vida.

A relação entre tempo livre e capital cultural pode ser vista a partir da maneira como alguém escolhe preencher seus momentos fora do horário de trabalho. E essas decisões, longe de serem gratuitas, revelam muito a respeito do espaço social ocupado por uma pessoa.

Seu conceito de diversão em uma noite de sábado, por exemplo, está ligado, de maneira mais ou menos direta, às suas outras atividades. A chance da diretora financeira de uma multinacional, na faixa dos 50 anos, se acabar no final de semana em uma balada gótica de música tecnoeletrônica *pós-punk* e terminar a noite sentada na calçada comendo um cachorro-quente (prensado com purê de batata, claro) é relativamente pequena. Nada impede, mas talvez ela mesma não se sentisse muito à vontade nesse ambiente. Sua escolha de lugares, ao sair, está ligada ao capital cultural: há uma grande chance de seu leque de escolhas ser formado por lugares de padrão médio para alto.

O gosto não é distribuído de maneira igual na sociedade, e observar a maneira como ele é demarcado em termos de "bom gosto", "mau gosto", "desperdício de tempo" ajuda a compreender porque o tempo livre, além de um momento de descanso, é também uma oportunidade de entender o valor dado a esse momento.

A racionalização absoluta do tempo

A ideia de "tempo livre" pode variar muito de acordo com as atividades de cada pessoa. Nem sempre é possível separar com absoluta precisão o tempo de trabalho dos momentos de descanso, sobretudo em profissões que, de alguma maneira, entrelaçam atividades produtivas e instantes de diversão.

Se posso trazer um exemplo, às vezes tenho dificuldade para definir se estou trabalhando ou não. Há atividades, como as aulas e orientações de pesquisa, com horários delimitados. Mas e quando estou assistindo um filme e penso: "Opa, vou usar esse exemplo em aula"? Estou me divertindo ou preparando uma aula? Ao escrever um texto, estou trabalhando; mas e se, ao mesmo tempo, me divirto com uma leitura teórica?

Para algumas profissões, o tempo de produção é dividido em blocos descontínuos, como momentos de intensa atividade alternados com períodos mais livres, e a medida do "tempo livre", nesse caso, pode ficar seriamente comprometida. Algumas atividades relacionadas com as chamadas "indústrias criativas", por exemplo, incluem a utilização constante da internet e das mídias digitais no processo de trabalho, mesclando um uso profissional com aspectos pessoais. Essas questões sugerem uma relação com o tempo livre voltada mais e mais para sua racionalização – quanto mais limitado, maior a necessidade de torná-lo produtivo.

O descanso, ao que parece, custa caro. Não descansar, mais caro ainda.

O sono e a ansiedade

Você dormiu bem de ontem para hoje? Aliás, você dorme bem? Se respondeu "sim", ótimo, você e suas noites estão no seleto grupo de seres humanos sem problemas para dormir. A falta de sono e, em termos mais amplos, a redução dos períodos de descanso é um dos problemas crônicos da sociedade contemporânea, e se liga à ansiedade provocada pela aceleração do tempo.

Em linhas gerais, a velocidade cada vez maior de tudo demanda nossa atenção contínua. Precisamos estar sempre ligados, conferindo as mensagens em e-mails, aplicativos e redes sociais. É frequente ouvir pessoas contarem a respeito de uma situação de constante ansiedade em relação a isso: enquanto estamos dormindo o mundo segue em frente, redes sociais são atualizadas, operações comerciais e financeiras são realizadas, pessoas estão interagindo, alguém pode querer falar conosco.

Uma atitude relativamente comum revela isso: dormir com o *smartphone* ao lado da cama. A última atividade do dia é checar as redes sociais, a primeira coisa a fazer quando se acorda é conferir se tudo correu bem nesse intervalo de sono que teima em aparecer entre uma postagem e outra. Talvez, enquanto estávamos dormindo, tenhamos perdido uma interação importante, um *post* decisivo, uma mensagem de trabalho.

A sensação de estarmos sempre atrasados em relação a algo indefinido, que pode acontecer a qualquer momento, é um dos resultados da aceleração social do tempo, criando uma eterna expectativa.

O sono da noite é um dos primeiros a ser atingido. A preocupação constante com o dia seguinte é uma das razões da dificuldade para dormir de parte da sociedade – a falta de sono não deixa de ser um sintoma do ritmo da sociedade.

Quando as mudanças acontecem em um nível muito acelerado, no entanto, não há planejamento possível. Tudo precisa ser readequado o tempo todo, gerando não apenas um alto nível de incerteza, mas também de insegurança – paradoxalmente, o excesso de velocidade nas mudanças pode diminuir a própria eficácia do processo.

Ouvi esta história de um colega.

Seu gestor, no começo de cada semana, apresentava um planejamento das atividades. No entanto, todos os dias pedia novas tarefas de última hora, para serem encaixadas imediatamente entre as outras. Às vezes essa atividade de encaixe era interrompida por outra solicitação, também para agora. O resultado? "No fim, em alguns dias a gente só começava atividades, mas não terminava nenhuma", segundo o colega. O excedente ficava para o dia seguinte: ele já chegava no trabalho com atividades atrasadas do dia anterior. O resultado, para ele, era uma "angústia muito grande" de começar a fazer alguma coisa esperando o momento de ser interrompido – e isso mexia diretamente com seu sono.

O custo humano tende a ser bem alto, e se manifesta, entre outras coisas, na dificuldade para dormir. Isso gera um descompasso constante entre o tempo do corpo humano e o tempo acelerado da sociedade.

Russell Foster, professor da Universidade de Oxford, diz em uma reportagem da BBC que estamos sendo "tremendamente arrogantes" ao ignorar nossas horas de sono. A reportagem lembrava que milhares de anos de evolução nos condicionaram a "estar ativos durante o dia e descansar de noite". No entanto, continua a reportagem, a ideia de estarmos ligados 24h por dia está nos levando a "viver contra" nosso relógio biológico, em vez de seguir suas indicações.

E a conta, quando chega, geralmente é alta.

Os ciclos circadianos

> *É que por dentro*
> *somos*
> *feitos de gente*
> Ju Blasina. *8 horas por dia, p. 51.*

Você já notou que sua disposição para fazer as coisas muda conforme o momento do dia? Há momentos nos quais você está mais enérgico, agitado, pronto para fazer qualquer coisa; em outros, vem um estranho cansaço, mesmo sem ter feito nada de especialmente difícil. Há também momentos de sono, muito sono que, de repente, podem passar e você fica completamente desperto outra vez. Essas mudanças são provocadas por um mecanismo biológico fundamental, compartilhado, até onde se sabe, por outros seres vivos do planeta: os *ciclos circadianos.*

Talvez você conheça com um outro nome, menos exato: o *relógio biológico* ou *corporal.* A palavra "circadiano" vem do latim *circa diem*, "cerca de um dia". Ao longo da evolução, nossa biologia se adaptou para ciclos de 24h, alternando dia e noite. Está impresso em nosso DNA acompanhar as mudanças ocorridas ao longo de um dia, como as diferenças de luminosidade e temperatura no início da manhã, ao meio-dia e no cair da tarde.

Nosso cérebro reage a cada uma delas liberando a produção de diferentes componentes em nosso organismo. Eles nos estimulam em alguns momentos, ajudam a relaxar em outros, nos deixam alerta ou mostram a hora de comer ou descansar. Por isso em geral, ficamos sonolentos ou agitados em determinadas horas do dia – basicamente, é nosso corpo dizendo "ei, hora de dormir!" ou "ache alguma comida, por favor".

Um estudo relatado por Katie M. Almondes, da Universidade Federal do Rio Grande do Norte, por exemplo, mostrou as relações entre o horário de estudo e os ciclos biológicos. Segundo a pesquisadora, "estudantes que iniciavam suas aulas às 7h apresentavam privação parcial do sono e irregularidade do sono decorrente dos horários escolares e das demandas acadêmicas, e, como consequência dessa irregularidade, apresentavam qualidade de sono ruim e baixo desempenho acadêmico".

Estamos biologicamente acostumados a acompanhar os ciclos diários, e recebemos de nosso corpo estímulos em relação às atividades de cada momento, como comer para conseguir energia ou descansar para repor as forças.

"Mas isso não varia de pessoa para pessoa?", você pode perguntar.

Sim, e talvez você conheça gente completamente fora desse tipo de ciclo. Por exemplo, quem trabalha melhor de madrugada ou não sente nenhuma fome ao acordar. Mas podemos dizer, com uma pequena margem de erro, são exceções. Nossa biologia está geneticamente adaptada para o ciclo circadiano, e, no geral, ele indica os padrões a seguir para conseguir o melhor resultado em cada momento. Os ciclos de atividade, repouso, alimentação e sono estão diretamente ligados aos ritmos circadianos, e seguir essas indicações costuma ter resultados positivos.

Em teoria, seria simplesmente o caso de comer quando temos fome, dormir quando sentimos sono e descansar entre atividades que consomem muita energia. Na prática, como você já adivinhou, costumamos ignorar solenemente essas mensagens de nosso corpo, e nossas atividades constantemente nos levam até os limites físicos.

Durante a maior parte de sua existência, nossa espécie acompanhou os ciclos circadianos como todas as outras, trabalhando durante o dia e descansando de noite. Mas a situação vem mudando rapidamente nos últimos duzentos anos. Estamos sistematicamente deixando de lado as indicações de nosso relógio biológico. E o resultado, ao que tudo indica, não é dos melhores.

Trabalhamos muito além das horas que nosso corpo aguentaria, sem mencionar as jornadas duplas e triplas relacionadas a questões de gênero e classe social; esticamos nosso limite da hora de dormir interagindo nas redes sociais ou diante da televisão – paradoxalmente, tentamos descansar das exigências do dia prolongando ao máximo as poucas horas livres para nós (quem tem, vale lembrar) em atividades muito legais mas que, no limite, nos deixam mais cansados.

"Não é simplesmente o caso da pessoa descansar?" Pode ser, mas a possibilidade de descansar mesmo, no sentido de se desligar completamente de todas as demandas contemporâneas, é um privilégio raro – você pode ter um dia de folga no trabalho, mas continua com a atenção concentrada nas redes sociais.

A desobediência sistemática aos ciclos costuma ter consequências sérias para nosso bem-estar físico e mental. Nosso corpo é projetado para suportar momentos de extrema tensão e cansaço, com alto poder de concentração e foco em uma atividade. No entanto, esses instantes precisam ser contrabalançados por períodos de recuperação e descanso. Como destaca Almondes, "a saúde e o tempo não podem ser separados, pois o tempo está no íntimo de nossas experiências".

Biologicamente, não temos como suportar uma tensão contínua, exceto ao custo de um altíssimo desgaste físico, mental e emocional. No limite, a pessoa desaba após queimar por completo sua energia. Não é coincidência que uma questão contemporânea de saúde física e mental seja o chamado *burnout*, do inglês "queima completa", expressão usada para designar situações nas quais alguém simplesmente não consegue fazer mais nada em decorrência do cansaço acumulado.

Segundo a Organização Mundial de Saúde (OMS), a síndrome de *burnout* foi classificada em 2019 como um "problema ocupacional", não uma "doença" no sentido comum da palavra. A definição da OMS vai direto ao ponto: "*Burnout* é uma síndrome entendida como o resultado de estresse crônico no trabalho que não foi administrado com sucesso", que se caracteriza "por exaustão ou falta de energia, pelo sentimento de distanciamento, negativismo ou cinismo em relação ao trabalho e redução da eficiência profissional".

Uma pesquisa realizada no início da década de 2010 por Cínthia L. Ramos e José Henrique de Faria, da Universidade Federal do Paraná, mostrou como a extensão da jornada de trabalho afeta as condições de saúde e trabalho de gestores de uma empresa multinacional. A partir de entrevista com os profissionais, foram detectados quatro principais problemas: estresse, desgaste ou exaustão emocional, entrega de si à organização e precariedade subjetiva. O resultado é um impacto negativo na saúde, física e psíquica, de todos os entrevistados. Motivos? Segundo os autores da pesquisa, "o que deveria ser realizado no trabalho depende em larga medida do que é feito pelo gestor fora do tempo e do local de trabalho".

Anos atrás, uma amiga me contou por que não conseguia desconectar das redes sociais nem durante a madrugada ou aos finais de semana: "A qualquer momento alguém pode postar um *job* [uma oferta de trabalho] no grupo, e, quem responder primeiro, leva. Por isso, preciso ver todas as notificações que chegam". Segundo ela, a ansiedade de perder alguma coisa estava alterando todo seu ciclo de sono: "Mesmo sem precisar, às vezes acordo no meio da noite e vou ver no celular se chegou alguma coisa". O resultado era, como dizia: "Um cansaço impossível de descansar".

Estresse, fadiga, cansaço, *burnout*. Os nomes mudam, mas se referem a quadros relativamente semelhantes de esgotamento físico e psíquico decorrente do excesso de atividades realizadas em um período. Mas não é tão simples ligar o nome e a coisa: as pesquisadoras Rafaela Zorzanelli, Isabela Vieira e Jane Russo, da Universidade do Estado do Rio de Janeiro, estudaram os diversos nomes associados ao cansaço, e mostram que os diagnósticos sobre as causas físicas podem variar.

O cansaço é uma condição ao mesmo tempo social e clínica. Existem vários tipos, seja o resultado de uma atividade específica, por exemplo, quando terminamos uma bateria de exercícios, seja o cansaço crônico, provocado por uma situação contínua de exigência física e/ou mental acima da capacidade do organismo.

Nem todo cansaço é necessariamente crônico, ruim ou problemático para quem sente. Períodos de atividade nos deixam cansados, mas são, ou deveriam, ser compensados por períodos nos quais é possível a recuperação (não se chama "des-canso" por acaso). No entanto, quando o período de atividade se prolonga indefinidamente, roubando o tempo necessário de descanso, a conta não fecha e o cansaço se torna crônico.

Retomando o estudo das autoras, elas destacam as condições sociais como um dos elementos que podem desencadear situações clínicas relacionadas ao cansaço e à exaustão. Viver em sociedade nesse ritmo, ao que parece, está nos deixando exaustos.

Ocupando tempo nas redes sociais

Você já caiu na armadilha de pegar o celular antes de dormir por "cinco minutos" só para ver se tem algo novo e, quando nota, ficou uma hora olhando para a tela? Além das mensagens, dos *posts* e das imagens mais recentes de filhotes de gatos, existe uma outra razão para ficarmos tanto tempo olhando nossos *smartphones*: a luminosidade azul emitida pelas telas diz ao nosso cérebro que ainda é dia. Isso nos deixa despertos, mesmo morrendo de sono, e estimula o organismo a ficar acordado "só mais um minuto", que pode facilmente se transformar em uma hora a menos de descanso.

Em termos de tempo, o resultado é cumulativo: a maior parte dos *posts* nas redes sociais captura nosso olhar por menos de 1s; no entanto, como passamos por centenas deles todos os dias, esse tempo se converte em minutos e horas diárias. (Alguns smartphones permitem ver quantas horas você gastou: um exercício interessante é comparar sua estimativa com a quantidade real de horas utilizadas em redes.)

Quantas postagens, em redes sociais, você já viu hoje? Quantas pessoas, marcas e corporações já disputaram sua atenção nas últimas horas? Por quanto tempo você fica olhando a mesma postagem? O mesmo vídeo? Talvez você já tenha visto algumas vezes um vídeo mais interessante ou prestado atenção no conteúdo de uma postagem a ponto de comentar.

Mas, na maior parte das vezes, aqui entre nós, não funciona bem assim: diante de uma quantidade quase infinita de conteúdos disputando nosso tempo, acabamos prestando pouca ou nenhuma atenção à maioria deles. Passamos por todos, mas não necessariamente nos concentramos em cada um.

Temos dificuldade em medir corretamente nosso tempo *online*. Como mostra uma pesquisa realizada por Theo Araujo e uma equipe de pesquisa na Universidade de Amsterdã, na Holanda, as pessoas raramente fazem uma estimativa correta de seu uso de internet, seja superestimando os períodos conectados, seja fazendo projeções muito menores do que a realidade. A comparação entre as estimativas feitas e o tempo real mostra que "as pessoas, em geral, não são precisas quando estimam o tempo de uso das mídias *online*". O estudo mostra também que o uso de *tablets* aumenta a sensação de não estar usando muito a internet, algo mais visível quando se está diante do computador.

Uma ou duas horas recebendo um fluxo ininterrupto de informações na forma de imagens, textos e vídeos. No final, a pergunta: o que fica de tudo? Duas horas a menos de sono, talvez, até a manhã seguinte.

Visualizou, não respondeu

rasgávamos fotografias
para esquecer
coisa pessoas eventos
hoje
tudo pode nascer
esquecido
Ana Elisa Ribeiro. *Álbum, p. 97.*

No tempo livre, a lógica da velocidade é pautada em uma necessidade de consumo: quanto mais rápido você assiste um filme ou percorre sua *timeline*, mais *posts* serão vistos e consumidos. Nas mídias digitais, em particular, estamos diante de conteúdos feitos para desaparecer em questão de instantes. Um ou outro talvez chame mais a atenção, gerando impacto e, eventualmente, uma reação – a curtida ou um comentário. Em alguns casos, seguir o conteúdo ("inscreva-se", "acompanhe nossas postagens").

Isso também acontece, de outra maneira, com os aplicativos instantâneos de conversa. A palavra "instantâneo" mostra a unidade de tempo desse tipo de interação: o instante. Aplicativos de mensagens auxiliam na criação de uma nova dimensão do tempo nas relações humanas: a demanda ilimitada por respostas imediatas. Podemos ser acionados a toda hora, por qualquer motivo – ou sem motivo nenhum, apenas para ver alguém manifestar, por um breve instante, sua existência ("bom dia, grupo!"), como um aceno em meio à multidão.

(Um parêntese: os aplicativos "auxiliam na criação", não "criam" uma nova dimensão do tempo. Nós fazemos isso. Atrás da tela existe uma pessoa. Uma mensagem inútil pode gerar uma notificação no meu *smartphone* e me acordar no meio da noite. Chegou via aplicativo, é verdade, mas foi alguém que achou interessante enviá-la, digamos, às quatro da manhã de domingo para segunda-feira. O aplicativo é um meio, não um fim.)

Algumas dessas mensagens, sobretudo em grupos de conversa instantâneos, cairão no esquecimento imediato, gerando poucas respostas. Não necessariamente por desinteresse, e nem sempre é um ato deliberado ("não vou responder esse sujeito!"), mas como o resultado da quantidade de mensagens disputando atenção no mesmo instante no tempo.

Uma solução é dividir mais e mais o tempo para dar conta de responder a todas as demandas. Como o dia só tem 24h, precisamos empregar parcelas de tempo cada vez mais reduzidas e controladas para dar conta de responder tudo.

Isso significa, para nossa mente, oscilar entre diversos assuntos em questão de segundos: o "bom dia, gente!" em um grupo, *post* engraçado em outro, discussões em um terceiro, as mensagens de trabalho, informações não solicitadas, mensagens da família imediata, das amigas e amigos próximos. Nossa atenção não fica senão alguns segundos, minutos no máximo, concentrada em uma das mensagens antes de passar para a próxima. Nem sempre notamos o cansaço, ao final do dia, gerado por essa concentração intensa, mas fragmentada.

O tempo sem hierarquias

Uma das características de nossa relação com o tempo é a capacidade de organizar as atividades. Conseguimos, de acordo com a importância ou urgência, hierarquizar o que fazer de acordo com sua necessidade: quanto mais importante, mais próximo de um "agora" imaginário. Conforme as ações descem na pirâmide de importância, podem também se afastar no tempo; podemos protelar uma ação por anos a fio se ela não parecer importante (ou se formos particularmente dotados da arte de procrastinar).

O tempo contemporâneo é outro. As hierarquias são aparentemente derrubadas em favor de um instante eterno, um agora contínuo de todas as demandas.

E parece que são todas urgentes: incorporamos a ideia de "instantâneo" como parte do cotidiano e esperamos uma resposta rápida, se não imediata. Talvez você já tenha sido cobrado pela resposta de uma mensagem enviada apenas algumas horas antes.

Anos atrás a jornalista Eliane Brum publicou um artigo em *O Globo* intitulado "Precisamos urgentemente retomar o sentido de urgência". De fato, esse sentido parece ter sido deixado de lado em algumas ocasiões, e em seu lugar entrou a perspectiva do instantâneo.

Uma questão lógica: se tudo é urgente, nada é urgente.

Um tempo instantâneo é um tempo nulo, no qual todas as ações têm a mesma importância. O *smartphone* constantemente à mão mostra nossa disposição para interagir nesse instante. Uma cultura das interações mínimas requer o aparelho sempre à disposição (o que significa, em uma leitura inversa, que estamos sempre à disposição do aparelho, como lembra o filósofo tcheco-brasileiro Vilém Flusser).

Atenção máxima no tempo mínimo

O tempo livre também pode ser definido como uma corrida ininterrupta por nossa atenção, um dos bens mais preciosos do regime econômico contemporâneo. Em uma sociedade pautada pela lógica da mercadoria, a atenção é o pré-requisito para o consumo, seja de bens ou de conteúdo. O tempo todo, em todos os lugares, há alguém procurando sua atenção. Fazer você, no meio de todas as atividades, abrir um espaço, alguns instantes, para olhar para um produto, uma ideia, um serviço.

Curiosamente, esse máximo de atenção é gerido a partir do máximo de dispersão. É preciso ver e, se for o caso, interagir imediatamente com o *post*, sob o risco de passar logo para o próximo e esquecer o que foi visto. É necessário um máximo de concentração, interrompida a todo instante pelo novo *post* na tela a partir do movimento dos dedos.

E, na sequência, se interessar por aquilo a ponto de chegar à conclusão da atividade – a compra, a aquisição do serviço, a adesão a uma ideia. Na velocidade das mídias digitais, essa atenção se torna uma mercadoria ainda mais rara e, por isso mesmo, valiosa.

Por que rara? Porque, diante da oferta ilimitada de bens e serviços colocados diante de nós a todo momento, sua atenção necessariamente será seletiva: não é fisicamente possível estar atento a tudo ou dedicar tempo para todas as demandas de atenção ao nosso redor. Algumas ficam pelo caminho – vamos rolar a tela antes de compreender qual é o conteúdo patrocinado, vamos pular a propaganda antes de ver o produto, vamos adiantar o vídeo para saltar os trechos menos interessantes.

Do outro lado da história, produtoras e produtores de conteúdo vivem a cada dia o desafio de disputar sua atenção com outras marcas, corporações e indivíduos. São apenas alguns segundos, talvez menos, antes de você pular o anúncio ou *post* patrocinado, deixando para trás todo o planejamento e esforço na realização do material.

Isso leva a um curioso paradoxo do tempo livre: a atenção desatenta. Para dar conta de todas essas demandas, é necessário retomar algum tipo de hierarquia, de controle ou posicionamento. Escolhemos o que assistir, definimos nossos grupos, deixamos de responder mensagens, silenciamos grupos, procuramos reestabelecer alguma forma de controle para reagregar o tempo em frações maiores, tentando restaurar algo de sua característica. Dessa maneira conseguimos, mesmo parcialmente, retomar o sentido da atenção e da importância de cada coisa – e diminuir a exaustão de um olhar intensamente concentrado em se dispersar.

O próximo ponto

Anos atrás, uma crônica de Gregório Duvivier publicada na *Folha de S.Paulo* falava de um problema semelhante, relacionado ao tempo de diversão: a pergunta "Daqui a gente vai para onde?" O texto mostra um protagonista anônimo, em uma noite de sábado, às voltas com as mensagens de seus amigos, em seu *smartphone*, convidando para vários programas. Ele gostaria de ficar em casa, mas as mensagens não param de chegar, prometendo diversão e entretenimento. Ele se rende e vai, mas ao chegar no lugar marcado recebe novas mensagens sobre outro programa, muito melhor: "Daqui a gente vai para onde?" Antecipação e ansiedade em relação ao próximo passo, preparado para enfrentar uma divertida noite de descontração com os amigos.

E nossos sentidos não estão preparados para isso.

6
Como sentimos o tempo

E o tempo? Segue sua direção às vezes reta, às vezes tortuosa, mas segue. A gente nunca vai entender direito. O tempo não é de entender, é de passar. Nós que tentamos explicar, nós que trabalhamos, e ele só passa. Pra bem ou pra mal, mas passa. Sempre.
Fernanda Estramasso Rodrigues. *Aquilo que a gente não diz*, p. 69.

Certa vez, anos atrás, eu estava terminando de comprar um relógio em uma loja no subsolo de um *shopping center*, com o ritual comum desse tipo de interação ("Débito ou crédito? CPF na nota?") quando o operador do caixa fez uma pergunta:

"Está chovendo lá fora?"

"Não, quando cheguei, pelo menos, não estava."

"É que aqui não tem janela, não tem como ver. A gente perde a noção do tempo."

Ele ainda tentou um sorriso:

"E olha que é uma relojoaria."

Fiquei pensando na gota de ironia da situação. Trabalhar cercado de relógios não era garantia nenhuma de poder perceber o tempo. Para compreendê-lo, nossa mente precisa de vários outros pontos além das informações de um relógio.

Em todos os relógios do mundo o dia continua tendo as mesmas 24h, como acontece há milhares de anos. Na verdade, do ponto de vista astronômico, nosso planeta está girando cada vez mais devagar, resultado de uma combinação de forças gravitacionais do Sol, da Lua e da própria Terra. Mas isso não interfere na maneira como chegamos a perceber o tempo: a duração do dia na Terra pode variar, mas é a maneira como nós utilizamos o tempo que muda as coisas.

Por que, então, a sensação de que tudo está mais rápido?

Tempo e duração

Em seu livro *A evolução criadora*, o filósofo francês Henri Bergson apresenta uma imagem que permite avançar nessa questão. Ele mostra o tempo em si como uma linha contínua. Essa linha está acima de nossa capacidade de percepção: raramente conseguimos experimentar o tempo puro. O que percebemos são os *acontecimentos* que interrompem essa linearidade, e, a partir daí, *marcam* o tempo. Quanto mais eventos, mais fragmentada essa linha, e menor a duração de cada um deles em nós.

"Evento" é qualquer coisa que interrompe o fluxo de tempo e chama nossa atenção. Pode ser uma reunião de trabalho, um encontro pessoal ou uma notificação de um aplicativo no *smartphone*. Cada interrupção cria uma marca na linha do tempo, quebrando sua continuidade e mostrando que algo aconteceu: *o tempo passou*. Como a quantidade de tempo é a mesma, mas o número de eventos cresce, sentimos menos sua duração, isto é, sua ressonância em nossa consciência.

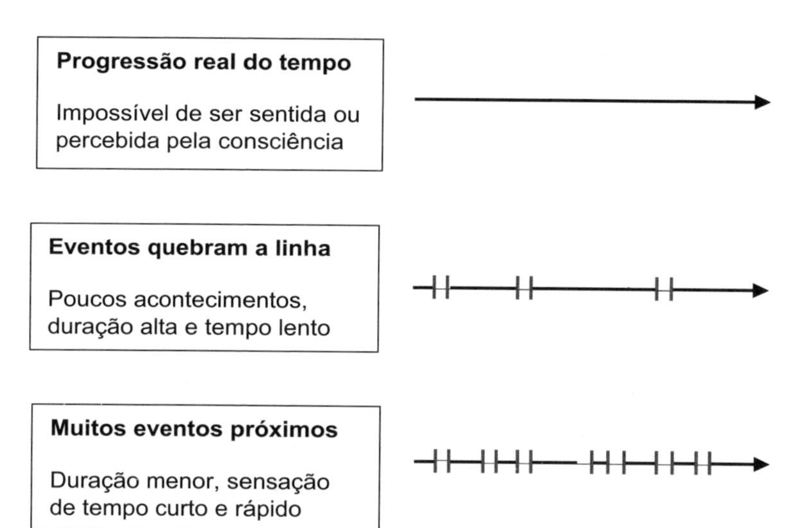

Isso explica a sensação de que o tempo está passando cada vez mais rápido: o dia continua tendo 24h, mas a quantidade de eventos aumenta constantemente. Mal demos conta de perceber um evento e outro já chama nossa atenção. O tempo se fragmenta na duração cada vez menor de cada acontecimento. Daí nossa sensação global do tempo estar mais curto.

Tempo e atenção

Um amigo contou esta história anos atrás. Não sei se é real, nunca vi fotos.

Ele era fascinado pela história e cultura da Ásia, especialmente por temáticas relacionadas ao budismo. Um dia, depois de pensar, decidir e desistir várias vezes, finalmente fez uma viagem com a qual sonhava há muitos anos: visitar um templo no Japão. Foram meses de planejamento, definição de passagens aéreas e hospedagem, em uma rota de 15.000km que começaria em São Paulo, faria escalas na Inglaterra ou na Alemanha e chegaria, depois de 20h, em Tóquio. De lá seriam mais 3h de trem até a cidade onde ficava o templo que iria visitar.

Ao chegar, maravilhado com a vista, imediatamente pegou sua câmera e começou a fotografar a paisagem, o templo, o mosteiro, o céu, a arquitetura, as janelas, os detalhes, o geral.

Um monge aproximou-se dele e, em inglês, perguntou:

"De onde você veio?"

"Do Brasil", respondeu, enquanto continuava tirando fotos.

"É muito longe, não?"

"É, é sim, mais de 24h de viagem" – e seguia com as fotos.

O monge ficou em silêncio durante alguns segundos até perguntar:

"E você veio de tão longe para ficar olhando a parte de trás de sua câmera?", e se afastou, com um breve sorriso.

Meu colega abaixou a máquina, respirou fundo, guardou na mochila. Olhou para a paisagem e começou, de fato, sua viagem.

Mas não precisamos ir muito longe para entender essa questão.

Quantas vezes notificações de aplicativos no seu *smartphone* interromperam a sua leitura desde que você pegou este livro?

Se a resposta for "nenhuma", você provavelmente é uma exceção. É difícil ficar longe do celular durante alguma atividade, ou simplesmente desabilitar o recebimento de mensagens e notificações. Diante do número infinito de demandas a todo instante, é quase um ato de coragem – ou de rebeldia – tomar a iniciativa de não ser interrompido por alguma coisa (sem mencionar um senso artificial de precisar responder tudo na hora). Ao fazer isso, você tomou o controle de seu tempo.

A experiência de ler um livro, ver um filme ou realizar qualquer outra atividade muda completamente de acordo com a quantidade de tempo dedicada a ela. Na prática, a atenção nunca é exclusiva: nossa mente pode ter picos de atenção para alguma coisa, mas não de maneira linear. Para atingir esse grau máximo de concentração é necessário destinar um tempo exclusivo a essa atividade, direcionando a atenção para ela. Uma hora de concentração rende muito mais do que duas ou três horas com atenção dispersa. Sabemos disso, mas a pergunta é outra: por que isso acontece?

A razão é relativamente simples: o tempo não tem a mesma duração para todas as pessoas. Ao contrário, cada consciência estabelece uma relação muito particular com ele. Convivemos, todos os dias, com várias marcações de tempo: um deles, o do relógio, existe fora de nós, como um *tempo objetivo*. Mas existe outro, talvez mais importante: o tempo de nossa consciência, o *tempo subjetivo*.

O tempo objetivo

> *O peso das horas nos achata*
> Ju Blasina. *8 horas por dia, p. 36.*

Em seu sentido mais simples, o tempo objetivo é aquele marcado pelos relógios e calendários. São as medidas utilizadas pelas pessoas para coordenar suas ações a partir de alguma referência comum – e o controle da passagem do tempo cria esse ponto coordenador de nossas atividades.

Como grupo, compartilhamos a passagem do tempo: embora a sensação possa ser pessoal, é difícil encontrar uma divergência muito grande em termos de horário – raramente alguém discorda que é dia ou noite, ou que o Sol está no centro do céu. Por isso, quando se trata de coordenação das atividades sociais, o tempo é uma das referências centrais de nossas ações.

O tempo objetivo se passa fora de nós, independentemente de nossa vontade, de nossas experiências ou situações.

Ele indica o mesmo intervalo para todo mundo, e também as atividades a serem realizadas durante um período. Esse aspecto é levado em consideração sempre que precisamos, por exemplo, definir o prazo de alguma tarefa: trata-se de um tempo objetivo ("vocês têm 4h para fazer a prova"), válido para todas e todos os participantes de uma situação, independentemente da maneira específica como cada pessoa vai lidar com ele.

O tempo objetivo é o tempo da experiência medida e quantificada em termos cronológicos, rapidamente compreendida por todas as pessoas. Por exemplo, as leis, regras e costumes de cada país dizem quantas horas alguém deve ficar na escola ou no trabalho. Ao coordenar as atividades conjuntas, o tempo objetivo torna possível a vida em sociedade.

Mas isso não explica algo fundamental: por que o tempo passa mais rápido quando a gente está se divertindo, ou demora tanto quando fazemos algo de que não gostamos?

A resposta vem da qualidade de nossa experiência subjetiva do tempo.

Tempo subjetivo e duração

Nossa percepção da passagem do tempo depende dos estados emocionais que experimentamos, das sensações presentes ou das atividades realizadas. Não temos consciência do tempo em si, mas da *duração* dos eventos em nossa consciência. Por isso, como lembra o filósofo David Lapoujade em seu livro *Potências do Tempo*, a duração é um fenômeno afetivo e emocional. Neste trecho, sigo várias de suas ideias.

Estou feliz, alegre, com fome, na expectativa, ansioso, com frio, tranquilo. Esses estados têm, em nossa consciência, uma duração específica. O tempo, para nós, está sempre ligado às experiências que temos durante um certo momento. Não percebemos "são cinco e meia da tarde", mas sabemos "estou com frio" ou "está anoitecendo".

Esqueci disso, anos atrás, e a história quase terminou em uma delegacia.

De todos os lugares da Universidade de East Anglia, a biblioteca foi sem dúvida onde passei a maior parte do tempo. Pode parecer uma declaração de ortodoxia *nerd*, mas a perspectiva de ficar em um lugar com 800 mil livros era tentadora. Quem chegava cedo podia usar uma sala individual de estudos, com direito a armário, computador e chave para deixar suas coisas. Minha preferida ficava no terceiro andar, voltada para o lago da universidade.

Meu período de estudos seria de um ano, e precisava me dedicar ao máximo nesse tempo. Tinha consciência de como a oportunidade era rara, sobretudo pensando nas desigualdades de acesso à educação. Por isso, criei uma rotina de estudar das 8h da manhã às 18h, de segunda à sexta. Ou, na minha cabeça, "até o sol se pôr".

Eu só tinha esquecido um detalhe: a latitude.

Um dia decidi esticar um pouco mais, até anoitecer. Concentrado nas atividades, olhava de vez em quando o sol se pondo sobre o lago. Estava quase escuro quando fui para casa – só para encontrar minha esposa, Anna, a ponto de chamar a polícia e comunicar meu desaparecimento.

Eram mais de 9h da noite. Acertando o horário pelo sol, perdi completamente a noção do tempo. No verão, naquela latitude, os dias chegavam a ter 16h, assim como no pico do inverno havia luz apenas das 9h às 15h, mais ou menos. Eu havia sido enganado por uma curiosa combinação do relógio biológico, regulado pelo Sol, com a concentração no estudo. (Em tempo, Anna não chamou a polícia.)

Por que erros como esse acontecem? Porque nossa percepção do tempo vai além da medida do relógio.

Enquanto o tempo do relógio está passando, dentro de nós, em nossa mente, outras coisas também estão, digamos, "passando": sensações, memórias, experiências, percepções que se seguem em nossa consciência.

Como elas estão associadas a estados emocionais e afetivos, podemos ter uma curiosa sensação de que estamos adiantados ou atrasados em relação ao tempo do relógio. Notamos isso em expressões como "nossa, já terminou?", quando a experiência é positiva, ou "falta muito para terminar?" O tempo objetivo de um evento não corresponde diretamente à sua duração em nossa mente.

Durante nossas atividades diárias, conseguimos sentir o tempo associando sua passagem com o que estávamos sentindo ou pensando em um determinado momento. Consigo perceber o tempo apenas ligado aos pensamentos, sensações e atividades de um momento ("estava almoçando", "tinha recebido uma mensagem" ou "fiquei bem feliz nessa hora").

Na percepção do tempo, importa muito o estado de espírito que associamos a ele. Por exemplo, se me perguntam "como foi a aula?", não vou responder "durou 50min", mas indico o estado de consciência que acompanhou a experiência – "sensacional, passou voando" ou "nossa, não terminava nunca".

A duração dos eventos

Na linguagem comum, a palavra "duração" costuma se referir ao tempo de um evento. Perguntamos, por exemplo, "quanto dura este produto?" ou "quanto tempo dura isto?", jogando a questão para o futuro. Para Bergson, no entanto, a ideia de "duração" se refere aos eventos se sucedendo em nossa consciência. Esse fluxo é ininterrupto: afinal, estamos pensando o tempo todo. Enquanto os segundos do relógio passam, um após outro, eventos em nossa consciência também se sucedem.

Não existe, no entanto, uma correspondência direta entre o tempo objetivo e a duração dos eventos em nossa consciência: você não tem como decidir "vou pensar 5min no meu ex-namorado, depois vou esquecê-lo para sempre" (o mundo não é perfeito). Assim como, em um filme, uma cena pode ser esticada ou comprimida para além do que seria seu tempo na vida real, a duração dos eventos em nossa consciência não segue o padrão das horas do relógio.

Os eventos na mente se encadeiam uns nos outros sem interrupções: não existem momentos vazios em nossa mente. Esse encadeamento forma o fluxo de nossas percepções, ideias, memórias, sensações e imaginação.

Agora mesmo, uma parte considerável de sua atenção está na leitura destas linhas (assim espero, pelo menos). Mas, enquanto você lê, provavelmente está imaginando alguma coisa: ao ler, não nos apegamos ao significado de cada letra ou palavra, mas abstraímos seu sentido e começamos a imaginar. Ler é um ato de criação. Durante a leitura de um texto, sentimos como se uma voz em nossa cabeça estivesse lendo o texto escrito.

Às vezes, quando você conhece a pessoa que escreveu, acontece de você ler o texto com a voz da pessoa – fazemos uma associação muito rápida entre linguagens diferentes, como o texto e o som, e isso contribui para as sensações em nossa consciência. Na leitura de um texto sua consciência está povoada de experiências, umas seguindo as outras.

Por isso, para Bergson, a duração de um evento depende de quanto tempo ele está em nossa consciência, não do tempo cronológico ou objetivo. Uma hora de felicidade não basta, dez segundos de sofrimento são uma eternidade.

Em termos de tempo, a expectativa de um evento faz com que ele passe a existir em nossa mente, enquanto duração. A frase "o melhor da festa é a espera" poderia resumir isso se, de fato, fosse necessariamente "o melhor". Os fatos ainda não aconteceram de verdade, mas, em nossa consciência, já sentimos sua duração – eles começam a existir quando aparecem em nossa mente.

A duração é a ponte entre o tempo e nossos estados de consciência. Ambos estão relacionados de uma maneira constante, mas assimétrica: tempo e duração estão próximos, mas não são a mesma coisa – e sua importância para nossa vida também é diferente.

O tempo do agora

por que é tão difícil descrever um instante?
a janela um momento na noite em que chove
pequeno espaço onde parece se situar a vida.
Douglas Farias. *Bedroom pop, p. 39.*

No primeiro filme da trilogia *Homem-aranha* (2002), dirigido por Sam Raimi e estrelado por Toby Maguire, há uma curiosa sobreposição de tempos em uma das cenas. Peter Parker acabou de ser picado por uma aranha geneticamente modificada e está começando a descobrir seus poderes. No colégio, na manhã seguinte à picada, se envolve em uma briga.

Quando seu adversário desfere um soco, vemos a cena na perspectiva de Parker: seu "sentido aranha" lhe permite ver o movimento do braço de seu agressor em câmera lenta, dando tempo para se desviar do golpe e reagir. Para todas as pessoas, a cena se desenrola em velocidade normal – aos olhos dos outros alunos, Parker fez um movimento super-rápido; do ponto de vista dele, o tempo ao seu redor subitamente se tornou mais lento. Quem acompanha a história sabe que não foi o tempo objetivo que se modificou, mas era o "sentido aranha" de Parker se manifestando.

A cena permite pensar sobre algo que não tem nada a ver com aranhas, teias, grandes poderes e grandes responsabilidades: como experimentamos a velocidade do tempo? Em nosso cotidiano, não chegamos a notar esse tipo de alteração radical (exceto se você for o Homem-Aranha), mas podemos utilizar essa noção para compreender o que acontece com nossa percepção sobre o tempo.

Se nós tivéssemos a oportunidade de congelar um instante no tempo e observá-lo de maneira objetiva, veríamos aspectos jamais imaginados: conseguiríamos, pela primeira vez, ver todos os ângulos de uma situação, examinar os vários lados de um acontecimento, conhecer todos os matizes e nuanças de cada evento. Poderíamos traçar as relações de causa e efeito de uma situação qualquer e, a partir disso, ter a satisfação de entender completamente um determinado momento. Esse pequeno instante estaria fixo para sempre, como um eterno presente a ser observado.

O problema é que isso cria um paradoxo: enquanto estivéssemos examinando esse instante, o tempo continuaria passando, e outros eventos, outros instantes, estariam se acumulando diante de nossa percepção. Essa seja talvez uma das principais dificuldades para entendermos o tempo: ele *está*. Sua duração objetiva é infinitamente pequena, e não pode ser percebida sem imediatamente deixar de existir – posso congelar um instante no tempo para observá-lo, mas, enquanto isso, *meu* tempo continua correndo.

Na prática, vivemos em uma espécie de eterno presente: o agora se estende tanto na direção do passado quanto do futuro, e estamos o tempo todo nos movendo como um "agora", como um surfista no topo de uma onda, que percorre essa linha imaginária. Percebemos os eventos em relação ao momento atual: eles são "futuro", ou "passado", apenas em relação a um "agora" que se desloca constantemente.

O eterno presente

Pode parecer complicado, mas fazemos isso o tempo todo quando ouvimos música ou assistimos um filme.

Para acompanharmos uma melodia, é preciso prestar atenção no trecho que está tocando exatamente neste momento: por mais lindo que seja, ele obrigatoriamente precisa desaparecer e dar lugar a um novo, e nossa percepção precisa acompanhar esse movimento – se nos distrairmos pensando na parte que já passou, perderemos o compasso do que está tocando. Ao ouvirmos música, estamos em um eterno presente, mesmo tomando como referência os trechos passados.

Ao ver um filme, precisamos prestar atenção em cada instante para compreender a história. Cada cena tem seu momento e precisa dar lugar à cena seguinte no próximo: quando, por alguma razão, a câmera fica parada muito tempo na mesma cena, sem nenhuma mudança, há um estranhamento: está tudo certo? A cena é mesmo imóvel ou houve algum problema? O tempo está passando ou está parado? Quando uma nova cena aparece, voltamos a notar o fluxo do tempo: nossa consciência segue junto com as imagens.

Vamos lembrar que o movimento das imagens na tela é uma ilusão de nossos sentidos. Originalmente, um filme é a projeção de 24 quadros por segundo: nossos olhos não conseguem perceber o intervalo entre essas imagens e, para quem está vendo, as imagens parecem estar, de fato, se movendo. Isso cria o efeito de movimento das imagens no tempo: se, por acaso, faltam alguns fotogramas, como às vezes acontece com filmes antigos, a imagem "pula", ou seja, quebrando a ilusão do movimento.

Só conseguimos experimentar, de fato, uma sucessão ininterrupta de instantes, de "agoras", em constante passagem. No cotidiano, essa dimensão infinitamente pequena do tempo é invisível aos nossos sentidos. Só conseguimos notar a passagem do tempo a partir de intervalos um pouco maiores, definindo o momento de cada fato.

O tempo, uma ficção?

As três principais categorias que utilizamos para dividir o tempo, passado, presente e futuro, decorrem dessa dificuldade de perceber sua passagem. Precisamos de limites para situar os eventos, e nomeamos os intervalos de acordo com sua relação com o presente, ou o que imaginamos ser o "presente". Como só conseguimos ver o tempo de dentro, vivemos em um eterno presente, e apenas enquanto ficções da memória ou da imaginação podemos ter uma ideia de fatos passados ou eventos futuros.

O problema é que não existe uma regra para definir quando começa o "passado" ou o "futuro". Primeiro, porque essas duas instâncias simplesmente não existem em relação ao presente: objetivamente, um já foi, o outro não aconteceu. Segundo, sua relação com o "presente" é arbitrária e deriva de nossa necessidade de situar os acontecimentos em relação ao que chamamos de "presente". No cotidiano, uma dificuldade comum é encontrar uma marcação precisa para situar os acontecimentos.

O que significa, por exemplo, dizer que algo "foi há um instante" ou será "daqui um instante"? Na linguagem comum essas expressões sugerem a brevidade do intervalo de tempo, mas não dizem muita coisa sobre quanto é, de fato, um "instante". Ou a que estamos nos referindo como "passado" e "futuro"? Pode ser um minuto ou um século, nos dois casos.

A única maneira de estabelecer o evento no tempo seria descrever o horário exato em que aconteceu. O problema é que não existe um "horário exato" porque podemos dividir um instante em intervalos sempre menores, infinitamente. Para complicar mais, ao definir o "horário exato" já colocamos esse evento em termos de "passado" ou "futuro".

A esta altura, se nosso cérebro ainda não virou gelatina com esses problemas da escala do tempo, podemos nos perguntar que diferença faz: certo, o passado é memória, o futuro é imaginação, o presente não existe porque está sempre acontecendo e, portanto, sua duração real é nula.

Mais um passo e seria possível dizer que o tempo não existe, o que contraria o bom-senso mais elementar. (Tente explicar que o tempo não existe na hora de pagar um boleto vencido.) Qual é, então, a razão desse paradoxo?

Em seu livro *Le temps, le plus commun des fictions* ("O tempo, a mais comum das ficções"), a filósofa francesa Veronique

Le Ru explica essa diferença: só percebemos o tempo a partir de nossa experiência, com todas as suas limitações. Nossa relação com o tempo objetivo não se esgota na percepção exata de sua passagem, mas na maneira como nos situamos a respeito dos eventos ocorridos. Não notamos as sutilezas da passagem do tempo porque é impossível senti-lo fora dos eventos: não existe percepção do tempo puro.

Le Ru diz que o tempo é uma "ficção" não porque não exista, mas porque, para compreendê-lo, precisamos adotar convenções rígidas para situar os eventos – em nossa linguagem, por exemplo, definimos os tempos de um acontecimento de acordo com a maneira como nos referimos a ele ao formular uma frase.

Note que a autora não fala de "ilusão", mas de "ficção": o tempo vivido é formado a partir de nossas experiências e da maneira que temos de organizá-la, seja como indivíduos, grupos ou mesmo sociedades inteiras. Essa ficção nos permite lidar com os aparentes paradoxos do tempo e com as dificuldades que temos para percebê-lo.

Pensar sobre o tempo leva o ser humano até os limites de sua mente. O motivo não é difícil de entender: estamos lidando com algo que simplesmente não pode ser visto, sentido, cheirado, provado ou escutado. Não conseguimos colocar o tempo sob as lentes de um microscópio para estudar suas características, e não temos sequer como capturá-lo para compreender sua estrutura.

De certa maneira, o mesmo problema se aplica ao espaço. Embora o espaço pareça ser mais acessível aos nossos sentidos, olhando mais de perto ele coloca uma série de desafios. Ele também não existe como algo real e concreto, como algo a ser estudado: ele não pode ser decomposto, analisado, aquecido ou resfriado, não podemos colocá-lo dentro de um tubo de ensaio para testá-lo para chegar a conclusões definitivas a respeito de sua natureza.

Não bastaria olhar no relógio para resolver todo esse problema? E essa história de que "o espaço é uma abstração" se resolve andando daqui até ali. Ponto final. Essa solução pode ser prática, e evita muitos problemas filosóficos, mas, infelizmente, tem uma base frágil. Olhando de perto, a questão fica bem mais desafiadora.

Relações no espaço e no tempo

Tempo e espaço são, antes de mais nada, *relações*.

O espaço só existe em relação aos objetos que estão nele, a maneira como estão organizados, sua disposição em um local. Se você olhar ao seu redor agora, vai ter uma percepção do espaço ligada à forma como os móveis estão dispostos. Esse é o espaço, o *seu* espaço, com o qual você está acostumado e onde consegue se localizar com relativa facilidade.

Ele se forma, na sua cabeça, na relação entre os objetos que o constituem, e, externamente, de acordo com sua localização diante de outros espaços. Seu quarto só está "à esquerda" se a sala ou a cozinha estiverem "à direita"; seu apartamento é "de frente" se convencionamos chamar com esse nome os que estão na direção da rua, e assim por diante. Basta mudar os móveis de lugar para criar uma relação diferente com o espaço: é como se, de repente, aparecesse uma outra sala ou quarto, e tudo se transformasse. Ao mudar os objetos, transformamos nossa percepção do ambiente. Não vemos o espaço em si, mas as relações entre objetos presentes em um lugar.

Algo parecido acontece com o tempo. Só conseguimos compreender a relação entre os acontecimentos se eles forem organizados em relação uns aos outros no tempo. Algo foi antes, isso foi depois, aquilo aconteceu durante outro evento. Começamos a perceber fatores fundamentais como causa e efeito.

Se tirar uma lata de leite condensado na pilha em um supermercado, em seguida todas as outras caem. O primeiro ponto é notar uma sucessão dos eventos no tempo: primeiro puxei uma lata, depois todas as outras vieram abaixo. A capacidade de situar os eventos no tempo em relação uns aos outros nos ajuda a compreender as ligações entre eles. Notamos não só que essas ações se sucedem no tempo, mas também estabelecemos uma relação de causa e efeito.

Poucas coisas nos desorientam mais, aliás, do que não conseguir estabelecer qual é a relação entre as coisas no tempo. Imagine que existe um universo paralelo no qual as leis da Física, tal qual conhecemos, não se apliquem. Por exemplo, a pilha de latas cai antes de você retirar uma delas. Você teria uma experiência em primeira mão de um tempo não linear, no qual os eventos não precisam necessariamente obedecer ao que entendemos como uma "linha do tempo". É provável que você ficasse tremendamente sem noção do que está acontecendo, sem entender a relação entre os eventos.

Nos sonhos, por exemplo, essa relação de causa e efeito não precisa necessariamente existir, e as coisas podem acontecer aparentemente sem nexo em termos de espaço ou tempo. Por isso, eventos que ocorreram em anos diferentes podem aparecer juntos, não há limites para nenhuma percepção – e só um profissional poderia explicar o significado da ligação entre esses elementos.

O relógio pode não ser o suficiente para garantir uma relação com o tempo capaz de ajudar a organizar a percepção, fazendo com que ela não tenha uma noção imediata do tempo decorrido. O resultado é a sensação de um tempo constante, quase parado.

Se você trabalha em um compartimento sem janelas ou qualquer outra vista para a rua ou outro ambiente externo, como no exemplo do shopping que abre este capítulo, certamente terá a hora do relógio como marcação de tempo. No entanto, sua percepção do tempo pode indicar que ele não está passando, à medida que seus sentidos captam constantemente a mesma coisa – luzes artificiais emitindo uma constante e monótona luminosidade, acompanhada do mesmo tipo de ruído e da temperatura contínua garantida pelos aparelhos de ar-condicionado.

Sem começo, sem fim

Em *Perto do coração selvagem*, Clarice Lispector mostra o espanto de Joana, a protagonista, diante dessa percepção: "Definir a eternidade como uma quantidade maior do que o tempo e maior mesmo do que o tempo que a mente humana pode suportar em ideia também não permitiria, ainda assim, alcançar sua duração".

A ideia de algo fora do tempo remete para uma das mais ousadas invenções da imaginação humana: o sentido de eternidade. Falar em algo "sem fim" já é complicado, mas "eterno" leva o pensamento ao limite. Existe uma diferença entre "infinito" e "eterno": "infinito" é algo que teve um começo, mas não terá fim (quando alguém diz "meu amor por você é infinito" implica reconhecer que houve uma época em que esse amor não existia); já algo "eterno" é ainda mais complicado, porque significa que algo simplesmente não teve começo. (Dizer "nosso amor é eterno" pode ser bonito, mas é uma contradição lógica: qualquer relacionamento teve um começo.)

Ao longo da História, nas mais variadas culturas, o mistério do tempo levou os seres humanos a perguntar de onde veio tudo o que existe. O que havia antes?

Uma alternativa criada nas narrativas míticas e religiosas foi estabelecer um começo: um evento ou um ser dotado de capacidades especiais estava lá desde sempre e, a partir de alguma ação, deu origem ao tempo. No entanto, isso remete à esfera da crença: é preciso acreditar na existência de um ser original a partir do qual tudo passa a existir. Duvidar de sua existência, ou perguntar "e quem criou esse ser?", só nos leva de volta ao problema inicial.

A pergunta "o que tinha antes?" não desafia apenas nossa imaginação: nosso raciocínio lógico também se voltou, desde muito cedo, para essa questão, procurando a causa de tudo o que existe. E, mais uma vez, chegamos ao limite do pensamento. Sabemos, com alguma segurança, que o universo tem entre treze e quinze bilhões de anos de idade, e surgiu a partir de uma explosão, o *Big Bang*.

Podemos, nas ciências exatas, indicar os fenômenos nos primeiros segundos após esse evento, mas não temos a menor ideia do que acontecia antes. A pergunta "o que causou o *Big Bang*?" levaria ao paradoxo de pensar em um início antes do início – poderíamos questionar o que veio antes desse evento "pré-*Big Bang*", e antes desse, e assim por diante até você se cansar e resolver fazer algo mais interessante.

A ideia de infinito

Quando eu era criança, gostava de contar até o maior número que sabia. Uma vez fiquei muito feliz de conseguir contar até 100. "Cem" era o maior número que conhecia, e chegar até ele era uma novidade. O número seguinte foi "cinco mil", provavelmente porque, na inflação dos anos de 1980, era o valor das notas que meu avô me dava para comprar doces. "Cinco mil" era um valor enorme, dava para comprar um brigadeiro grande. Um dia meus pais me contaram que a Terra tinha "mais de cinco mil anos". Espanto: era possível algo maior do que cinco mil?

Estamos acostumados, em nossa vida cotidiana, a lidar com o tempo em uma escala relativamente restrita. Em geral, tomamos como medida o tempo de duração da própria vida humana, e isso nos coloca menos de um século de perspectiva. A maior parte dos eventos com os quais conseguimos lidar acontece ao redor de sete ou nove décadas no máximo. Nossa medida de tempo se desenvolve ao redor dessa noção básica, a única ao alcance de nossos sentidos.

Qualquer coisa a partir daí já exige mais de nossa mente. Para imaginar séculos é necessário fazer um exercício de abstração para lidar com grandezas sem nenhuma âncora em nossa experiência.

Se queremos falar de nossa história, podemos alargar a unidade de medida para milênios. Mas para dizer alguma coisa sobre a vida na Terra a escala pula para milhões de anos, e, em escala cósmica, o tempo atinge a escala dos bilhões. Fica mais fascinante se projetarmos para o futuro: o universo já teve algo em torno de quatorze bilhões de anos, mas quantos ele ainda vai ter? E se o universo se propagar para sempre? Podemos imaginar, mas está além de qualquer escala. Xeque-mate.

Temos o mesmo problema no sentido oposto. Se é necessário imaginação para pensar no infinitamente grande, precisamos dela para o infinitamente pequeno. Sabemos medir as horas há alguns milênios, e a medida dos minutos e segundos foi feita ainda na Antiguidade. No século XX, com relógios de precisão, entramos no reino dos décimos de segundo, depois centésimos e milésimos. Podemos, com o auxílio de instrumentos, calcular milionésimos de segundo, ou seja, a fração de 1/1000000 de segundo.

Ainda assim, sempre será possível dividir um instante em dois novamente, e depois em dois outra vez, e novamente, sem chegar a um resultado. Para nós, sentimos isso como algo contínuo, sem nenhum tipo de divisão, no limite do que podemos conceber em nossa mente. Xeque-mate de novo.

Sentir o tempo

Não ajuda muito o fato de que, como seres humanos, não temos um sentido exclusivo para o tempo. Nossa percepção do espaço é construída a partir de nossos sentidos: vemos onde estamos, conseguimos medir a distância entre coisas a partir do olhar, podemos tocar paredes e móveis, ouvimos um som se aproximando ou se afastando.

Não existe nada parecido em relação ao tempo.

Seria incrível se tivéssemos um órgão, ou um sentido, especializado em nos mostrar concretamente o tempo, de maneira que fosse possível senti-lo do mesmo jeito que percebemos quando atravessamos um espaço. Como não temos, acabamos utilizando os outros, combinados das mais diversas maneiras, para construir essa noção em nossa mente.

Ao sentir um cheiro bom, como o de um bolo quentinho saindo do forno, você pode notar o momento em que a sensação começa ("hum, está sentido esse cheiro?") até ele se dissipar ou você se distanciar da fonte; quando você come algo muito apimentado, tem uma experiência do tempo no paladar: há um marcador inicial (o começo da ação da pimenta na língua), um ponto máximo de desconforto ("água, por favor!") e um demarcador do final do evento ("nossa, como isso é forte", acompanhado por olhos lacrimejantes e expressão de arrependimento). Fixamos, em nossa mente, a duração desses eventos como marcadores de tempo: existe um "antes" e um "depois" demarcados.

Se você já teve a oportunidade de fazer viagens longas de avião, especialmente durante a noite ou trocando de fusos horários, talvez já tenha tido a curiosa sensação de perder a noção de tempo. Depois de algumas horas você sente apenas a lentidão da viagem porque nada acontece, apesar de estar a mais de 900km/h.

A coisa fica mais difícil quando os eventos não são tão nítidos ou demarcados em termos de começo e fim. Por exemplo, não percebemos com muita facilidade nosso próprio envelhecimento, todos os dias. Diante do espelho, precisamos de marcadores para notar isso ("olha, um cabelo branco!") e, a partir daí, encontrar um ponto fixo a partir do qual conseguimos definir.

Ponto fixo: um dos maiores paradoxos na nossa percepção do tempo é exatamente essa tentativa de encontrar algo parado. Não existem pontos fixos no tempo, exceto aqueles arbitrariamente criados por nós em uma tentativa de reduzir sua complexidade às limitações de nossa mente. E um deles, talvez o mais importante, seja a imagem projetada quando nos olhamos no espelho. Vemos refletida nossa presença tempo biográfico, assunto do próximo capítulo.

7
O tempo biográfico, o horror da passagem e a aceleração da vida

eu
esse lugar de passagem
essa via transitória
de quem chega e de quem vai
eu
uma bifurcação que habito
num lapso de tempo
meu limite acrônico
meu concomitante desvanecer
eu a derreter meu próprio espectador
eu, um não lugar
Lia Macruz. *Andrômeda sob os pés, p. 11.*

"Nossa, como a gente era novo!"

Provavelmente você já disse isso ao ver uma foto sua tirada anos atrás. A distância entre as datas permite notar a capacidade do tempo para mudar tudo. As transformações não são percebidas até se tornarem visíveis o suficiente para capturar nossa atenção, como no choque diante de uma fotografia. Isso cria um corte no tempo e mostra a passagem entre dois momentos. A mudança, não a permanência, nos permite sentir a passagem do tempo.

Desde cedo percebemos, como espécie, a importância de demarcar com precisão a ordem dos acontecimentos. Mas a tarefa estava longe de ser simples. Ao olhar sua foto de dez anos atrás e comparar com seu reflexo no espelho hoje, você tem um parâmetro para julgar o quanto mudou porque vê cada imagem como um ponto fixo.

Evidentemente há semelhanças entre elas: sua imagem na foto antiga se transformou na atual de maneira lenta e contínua. Todos os dias havia uma nova versão de você diante do espelho, mas essas mudanças, isoladas, não eram significativas o bastante para chamar a atenção. A distância, no entanto, permite comparar momentos e, ao fazer isso, perceber a passagem dos anos. Ou, de outra maneira, como inscreve nossa vida no tempo.

Ao falar de sua vida para uma outra pessoa, sua narrativa dificilmente vai ser estritamente cronológica: "Nasci em 2010, comecei a andar em 2011, aprendi 253 palavras novas em 2012..." Isso não diz muita coisa a respeito de quem somos ou deixamos de ser, além de testar os limites da paciência de quem está escutando.

O tempo biográfico é formado pelos vários encontros a partir dos quais nos definimos como um indivíduo, único, singular, sem cópia em nenhum ponto do universo conhecido. São pessoas, lugares e situações que, de uma maneira ou de outra, deixaram algo em nós e contribuíram, dessa maneira, para a formação de quem somos. Nos referimos a eles quando contamos nossa vida para alguém.

Nossa identidade é construída no tempo a partir dos principais eventos de cada etapa de nossa vida, que nos marcaram com mais intensidade. Em cada época, temos nossos sonhos, ilusões, objetivos e problemas que se misturam na formação de nossa identidade. Quando esse tempo passa, ficam as experiências, os rastros e as marcas do passado – agora, *nosso* passado.

A capacidade de trazer as experiências de épocas anteriores para o momento atual é geralmente chamada de "maturidade". Não é um sinônimo de "velhice", mas diz respeito à maneira como se aproveita, no tempo biográfico, as experiências anteriores. Maturidade e idade cronológica nem sempre caminham juntas: depende do quanto alguém aprende com as vivências anteriores e traz isso para a atualidade.

O tempo biográfico pode ser definido como a associação entre os acontecimentos de nossa vida e o momento cronológico no qual ocorreram. A vida, no tempo biográfico, não está dividida necessariamente em anos, mas em episódios, como os de uma série. E, mantendo a comparação, chegamos a ter temporadas, algumas mais interessantes, outras desafiadoras, com finais mais ou menos felizes – e momentos de transição para as próximas sequências.

Falamos da "época da escola" ou de "quando eu morava com minha avó". Definimos os acontecimentos em relação uns aos outros e em nossa própria cronologia. Por isso, quando falamos de nossa vida, nem sempre usamos como referência imediata a idade, mas o que estávamos fazendo ou quais eram nossas relações na época.

Do mesmo modo, você pode definir uma época a partir do estado emocional dominante ("foi uma época muito alegre" ou "eu era mais melancólico") ou por uma questão física ("era quando eu fazia natação"). Ou podemos nos referir à atividade dominante no período ("época em que estudei piano" ou "foi quando eu trabalhava na..."). Às vezes, um relacionamento é a característica a ser destacada ("quando eu namorava o...."), mesmo para indicar uma mudança ("depois do nascimento do meu filho").

O tempo biográfico não se refere apenas aos eventos relacionados com os momentos de nossa vida pessoal. Eles trazem, com mais ou menos força, as marcas de sua época. Não vivemos em um tempo aleatório: temos um ano de nascimento, e isso nos situa em relação aos eventos desse momento. Nascemos na *nossa* época, e estamos sujeitos, como parte de uma comunidade, às experiências compartilhadas por todas as outras pessoas nascidas mais ou menos no mesmo período.

Quando os adolescentes não existiam

Se você tivesse nascido no século XIX, você não teria sido adolescente. Não que as pessoas não fizessem aniversários de 14 ou 16 anos: a noção de "adolescência" simplesmente não existia. A passagem da infância para o mundo adulto era direta, sem um período intermediário. A divisão da vida humana em fases é uma construção histórica, e mostra como cada sociedade lida com a passagem do tempo, como vê seus membros e quais são as atividades indicadas para cada idade.

Durante boa parte da história da sociedade ocidental, os períodos da vida humana foram rigidamente demarcados, e separados, no máximo, em duas ou três fases. A infância e a vida adulta, ligadas a uma raiz biológica, eram os dois períodos principais, aos quais se acrescentava uma divisão, a velhice.

Os momentos de transição eram assinalados, no máximo, por alguma mudança na maneira de vestir ou nas atividades realizadas pela pessoa. Nas classes empobrecidas, por exemplo, a ideia de "infância" era muito curta, definida pelo começo do trabalho – para os operários da Europa do século XIX, ou para pessoas escravizadas no continente americano, isso poderia ser aos 4 anos de idade.

A vida nas classes mais altas permitia um prolongar essa fase, mas não muito: por volta de 14 ou 15 anos um jovem devia ser dono do próprio nariz, e estar preparado para a carreira escolhida – por sua família, bem entendido. A situação das mulheres era mais precarizada, onde as relações entre tempo e gênero aparecem com força: nas classes empobrecidas, o começo da vida adulta era marcado pelo trabalho; nas demais, a demarcação do casamento. Houve resistências e exceções a essa regra, mas, no geral, a divisão era desse modo.

O processo de envelhecimento também era demarcado a partir do início de certo declínio das atividades do corpo humano, e isso poderia acontecer, dadas as condições de vida, a partir dos 30 ou 40 anos de idade. A expectativa de vida era menor, e cada período da vida durava menos.

Para entender melhor isso, você pode comparar com a situação atual a partir de sua própria idade. Qual o nome oficial, ou pelo menos comum, de sua faixa etária? Não deve haver muitos adolescentes entre as leitoras e leitores, e certamente nenhuma criança (apesar da ideia deste livro ter sido dada por um menino de 8 anos à época). Pensando em um público entre 18 e 22 anos, você estaria no "final da adolescência", seria um "pós-adolescente" ou um "jovem adulto". Até aos 30 anos você pode ser considerado "jovem", embora algumas autoras e autores falem de uma "adolescência prolongada" até essa idade.

Aos quarenta ou quarenta e cinco você certamente é adulto, embora alguém ainda possa assinalar que "você ainda está jovem" (como veremos mais à frente, nossa sociedade parece ter problemas sérios com a passagem do tempo). Mas o que é uma pessoa de "meia idade"? Se você está com cinquenta e seis, seria de “meia idade”? E “maduro”? Um leitor de 68 anos é “adulto” ou “velho”? Os nomes e divisões começam a ficar mais nebulosos: “velhice”, “terceira idade”, “melhor idade” e outras atribuições diversas.

Poderíamos levar isso adiante em relação às noções próximas, como: “grisalho”, “enxuto” ou “bem conservado”. Em seu livro *Coroas*, por exemplo, a antropóloga Miriam Goldenberg fala da resistência provocada por essa palavra em algumas das pessoas entrevistadas para seu trabalho: “coroas” era uma expressão vista de maneira negativa, algo a ser evitado. Para nós homens, a lição é pensar como isso acontece no universo masculino, as origens e resultados dessa diferença.

Para o pesquisador Marcos Ferreira de Paula, da Universidade de São Paulo, uma das perdas é o potencial de ensinamentos das gerações mais velhas. “Na Antiguidade, particularmente entre os gregos e durante todo o período helenista, havia uma relação muito íntima entre a sabedoria e a velhice. Aquilo que hoje chamamos de terceira idade sempre esteve, no passado, associado à sabedoria.” No entanto, deixa o alerta: “Os idosos do nosso tempo estão vivendo pior. Eles são atualmente afetados por problemas sociais que praticamente os impedem de vislumbrar, buscar e exercer qualquer forma de sabedoria”.

Vale retomar uma questão sobre tempo e gênero: as atribuições de faixa etária produzem efeitos sociais completamente diferentes na representação de homens e mulheres – e aqui compartilho um aprendizado, não um ensino. A expressão “homem maduro” pode ter ressonâncias fundamentalmente diferentes de uma “mulher madura” em termos da maneira como essa pessoa será vista pelos outros.

Algumas demarcações de faixa etária parecem estar ligadas às questões de consumo: dizer quais são as características de um grupo ajuda na hora de planejar o posicionamento de produtos, bens e serviços. Daí a pressa com que novas etiquetas são criadas, dividindo o tempo biográfico em períodos curtos, cada um deles assinalado por determinadas atividades, gostos e tipos de relacionamento.

A infância é dividida em termos de "primeira infância" e "infância", à qual é adicionada uma transição, a "pré-adolescência"; a adolescência pode se estender do final desse período até a pessoa se tornar um "pós-adolescente", equivalente talvez a um "jovem adulto". A cada momento no tempo biográfico é atribuído um tipo de comportamento esperado, bem como de demandas a serem rapidamente preenchidas por um conjunto de bens e serviços voltados para cada idade.

O significado de uma época da vida, como a adolescência ou o envelhecimento, não existe apenas na linha do tempo de cada pessoa: ter 25 anos em 1960 é uma experiência completamente diferente de ter a mesma idade, digamos, em 2014. Os períodos biográficos estão o tempo todo em relação com um outro fluxo de tempo, a época na qual vivemos.

Tempo biográfico e tempo histórico

Qualquer vida humana está ligada às condições sociais, econômicas e políticas de seu tempo. "Nossa época" também é o momento de eventos mais amplos: o tempo biográfico é atravessado pelo tempo histórico. Somos atingidos pelos eventos desse tempo, e vamos agregá-los à nossa biografia de acordo com a intensidade desses acontecimentos em nossa vida.

Existem eventos dos quais não é possível escapar. Nosso tempo biográfico está envolvido por eles, e não é possível separar com precisão o público e pessoal na formação de nossa identidade. "Participar do tempo é sempre, de certo modo, deixar de saber a que se agarrar quanto ao próprio eu", lembra o filósofo camaronês Achille Mbembe em seu livro *Crítica da razão negra.*

O tempo histórico encontra morada em nossa biografia na forma de vivências, isto é, da maneira como passamos pela experiência de um acontecimento histórico. Há uma diferença entre o relato de um fato em termos mais objetivos e a narrativa do tempo vivido.

Se alguém perguntar a você sobre a pandemia da Covid-19, a resposta pode ser, em termos objetivos, a partir do número de casos ou do desenvolvimento das vacinas. Esses dados podem ser obtidos a partir de várias fontes, como relatórios ou notícias, mas não contam muito sobre sua vida durante esse período e, menos ainda, como foi a sua experiência.

Por outro lado, você pode falar do ponto de vista de suas experiências – como sua rotina mudou, o uso de máscaras e o distanciamento social; ao falar da vacina, provavelmente vai mencionar a data na qual você ou alguém de sua família recebeu as doses. Essas memórias pessoais ligam o tempo histórico ao tempo biográfico.

Um evento de maior importância para uma pessoa pode não significar muita coisa para outra. Para manter o exemplo, uma pessoa pode ter lembranças terríveis da pandemia como o momento da perda de pessoas queridas, enquanto, para outra, foi a época do início de aulas *online* ou trabalho em *home office.*

O tempo biográfico é construído a partir da maneira como interpretamos os eventos históricos. Como em vários outros casos, existe aqui uma sobreposição de tempos: para toda uma geração, a "época da escola" vai ser lembrada como a "época da pandemia", ou, para outros, a "época em que nasceu meu irmãozinho".

A ilusão do tempo biográfico

de vez em quando até me reconheço nas fotos
ou naquela que me encara no reflexo
mas só de vez em quando

Caroline Policarpo Veloso. *Cartografia do silêncio, p. 89.*

Quando nos lembramos de algo ligado ao tempo biográfico, evocamos emoções e afetos. Em geral, não lembramos sempre dos fatos como aconteceram, mas, sobretudo, de nossa relação com eles, a maneira como eles nos afetaram, nossa opinião a respeito ou algum episódio particularmente interessante. Ao falar de uma época ou de um acontecimento, mencionamos a maneira como nos sentimos em relação a eles, destacando seu significado não como parte de um tempo histórico, mas da maneira como isso esteve presente na construção de nossa biografia.

Há muito de acaso, de inesperado, de quebras e descontinuidades nos fluxos de tempo que atravessamos ao longo da vida.

Em seu livro *Razões Práticas*, o sociólogo Pierre Bourdieu chama isso de "ilusão biográfica", isto é, a ideia segundo a qual nossa vida segue algum tipo de curso coerente do princípio ao fim. Nossa história é contada, sempre a partir do tempo presente. Por isso, é possível encontrar retrospectivamente algum tipo de sentido unificando nossas diversas experiências, criando uma ilusão de planejamento ou controle dos diversos acontecimentos.

Quando, no senso comum, dizemos "ah, eu nasci para isso", estamos deixando de fora todos os outros elementos (o acaso, o contexto, as decisões erradas, os momentos de sorte) responsáveis por permitir o desenvolvimento de nossa vida em uma determinada direção.

A frase "eu nasci para te amar" pode ser romântica, mas seria mais verdadeiro dizer: "eu nasci (e, devido a uma estranha combinação de fatos planejados e outros aleatórios, foi possível estar aqui) para te amar".

O conceito de geração

Mas nem sempre estamos dispostos ou interessados em perceber essas sutilezas. Às vezes precisamos apenas de um referencial direto para nos referirmos a outros tempos além dos relógios e calendários. Nossa linguagem apresenta maneiras diferentes de compreender escalas e períodos de tempo não somente em relação aos relógios, mas também de acordo com nossas vivências e experiências. Uma maneira comum, relacionada ao tempo biográfico, é agrupar as pessoas de acordo com sua faixa etária, ligada à noção de "geração".

Embora relativamente fácil de compreender em termos intuitivos, é complicado definir esse conceito quando olhamos mais de perto. No vocabulário comum, falamos de "a minha geração" ou "a geração de 2010" para nos referirmos a agrupamentos de pessoas com idade próxima. Às vezes encontramos até alguns nomes para definir gerações, como "geração X", "geração Y" ou "millenials", para mencionar apenas três.

Alda Motta e Wivian Weller, da Universidade de Brasília, lembram que o conceito de "geração" tem sido usado como um sinônimo de "faixa etária", ou para indicar alguma característica em comum entre pessoas de idade semelhante. Na palavra das pesquisadoras: "O termo gerações tornou-se popular na denominação de manifestações culturais ou políticas (geração *hip-hop*; geração caras pintadas) ou de desenvolvimentos tecnológicos (geração Y; geração Net) atribuídos sobretudo pelos meios contemporâneos de comunicação".

Essas etiquetas se referem a um conjunto de características culturais, modos de pensar e de agir compartilhado por pessoas nascidas dentro de um mesmo intervalo de tempo. A ideia de "geração" não fala necessariamente às características físicas relativas à idade, mas ao "modo de ser" de cada grupo de pessoas ligado pela mesma faixa etária.

Na internet e nas redes sociais, por exemplo, é fácil encontrar postagens associando cada época a um conjunto de características, muitas vezes relacionados ao consumo de produtos ou a atividades culturais ("este *post* é para quem usava roupa da marca X, ouvia a cantora Y, comia no restaurante Z").

Isso mostra um aspecto curioso de nossa relação com o tempo: de fato, pessoas nascidas na mesma época compartilham algumas características em comum que permitem agrupá-las em gerações. Mas isso também levanta várias perguntas relativas a essa divisão do tempo.

A primeira delas pode ser também a mais básica: o que é exatamente uma "geração"? Ao que tudo indica, foi o sociólogo alemão Karl Mannheim quem tratou diretamente desse tema, em um texto intitulado, convenientemente, "Sobre o conceito de geração". Para Mannheim, um dos problemas principais dessa ideia é separar a questão estritamente cronológica (p. ex., o ano do nascimento) das características que definem quem é de uma "geração" propriamente dita.

Embora, no cotidiano, você possa usar essa palavra para se referir a um grupo delimitado de pessoas ("a geração de 2010"), um olhar mais atento mostra algumas fragilidades dessa ideia. O que seria, por exemplo, a "geração dos anos de 1990"? Quais características uma pessoa nascida em 1991 teria em comum com alguém nascido em 1999? Esta última não estaria mais próxima de alguém que nasceu em 2000 ou 2001?

Podemos tentar contornar o problema estabelecendo algumas faixas mais amplas: por exemplo, definir como "geração de 1990" quem nasceu entre 1988 e 2001, ou "geração X" as pessoas nascidas entre o meio dos anos de 1960 e 1980. No entanto, continua faltando uma definição exata.

A questão fica mais complicada quando acrescentamos outras variáveis – por exemplo, a faixa de renda. Quais características um *millenial* de classe média nascido na Europa Ocidental compartilha com uma pessoa nascida no mesmo dia, mês e ano em um país empobrecido de outro continente? Aliás, faria sentido chamar essa segunda pessoa de "millenial" se levarmos em conta que parte das características atribuídas a esse grupo se refere ao consumo de bens e um estilo de vida muito distante das possibilidades de boa parte da população?

A proximidade cronológica não significa que todas e todos têm, ou tiveram, as mesmas oportunidades. Ao mesmo tempo, é difícil negar a proximidade existente entre pessoas de faixa etária similar, mesmo quando se leva em conta outros aspectos.

A ideia de "geração" vai além da faixa etária. Ela está ligada a uma *genealogia*, na qual é possível estabelecer ligações de ascendência e descendência que não estão necessariamente ligadas à mesma faixa etária. Por exemplo, em uma empresa, podemos falar de "gerações" não só pela idade, mas pelo *momento* em que ingressam no trabalho – digamos, a geração "fundadora" sendo sucedida por outra, a geração da "expansão" dos negócios.

Assim, o termo "geração" está muito mais ligado à *mentalidade* comum de pessoas ao redor de uma faixa etária do que à idade propriamente dita. Certamente deve existir um intervalo de tempo entre gerações, mas o conceito está mais ligado à ideia de "continuidade" e "sucessão" do que apenas aos anos de vida. Por isso, muitas vezes, quando precisamos nos referir a novidades introduzidas em um ambiente profissional, por exemplo, falamos de "nova geração", ainda que a idade, no sentido estrito, possa variar.

Para entender melhor essa questão, é preciso combinar a noção de "geração" com uma outra: a ideia de "época".

Quando é a sua época?

Não me lembro quando usei a expressão "na minha época" pela primeira vez, mas tenho a impressão de que foi em alguma conversa com meu filho. Como em muitas crianças, havia nele uma curiosidade de saber como era "no meu tempo" ou, mais distante ainda, "no tempo do vovô".

Provavelmente, respondendo a alguma pergunta dele, falei "na minha época". E imediatamente comecei a pensar na expressão. A resposta completa e precisa deveria ter sido "na minha época *de estudante*" ou "na minha época *na escola*", mas saiu "na minha época". Embora simples, essa diferença de expressão fala muito sobre nossa relação com o tempo.

Às vezes, resumimos isso falando de "na minha época" para indicar todo um momento no passado. Esse tempo é construído a partir de comparações entre o que vivemos e o presente. Podemos fazer uma provocação: como estou sempre vivendo a época atual, todas as épocas, a rigor, não seriam "minha época"? Mas, curiosamente, falamos de "minha época" como se não estivéssemos, agora também, em "uma época".

Por que, então, usamos essa expressão para nos referir ao passado?

A razão é relativamente simples. Além do tempo cronológico, nos referimos ao período de nossa vida marcado por eventos de maior importância – e, em boa parte, isso significa nossos anos iniciais de formação, no qual, ao que parece, as experiências se fixam com mais força no desenvolvimento de nossa identidade.

Os eventos dominantes em cada período são o ponto de referência a partir do qual construímos o passado e situamos a trama de acontecimentos em nossa memória. Isso leva à resposta: todas as pessoas de uma mesma idade vivem "sua época" na "mesma época".

Quem completou 25 anos em 2020, por exemplo, nasceu em 1995 e compartilhou uma série de acontecimentos responsáveis por definir "essa época".

Aos 7 anos de idade, viram a seleção brasileira conquistar o pentacampeonato na Copa de 2002, mas não sei se lembram da derrota para a França em 1998. Cresceram em um ambiente de estabilidade econômica e projetos sociais de grande escala, mas também viram contradições políticas se formando nesse período. Às vésperas de completarem 20 anos, em 2014, assistiram à derrota de 7 x 1 para a Alemanha e testemunharam o surgimento de uma ampla polarização política, assim como transformações econômicas e sociais.

Em 2020, com 25 anos, viveram o primeiro ano da pandemia da Covid-19. "Sua época", entendida como "sua época de formação", é marcada por esses eventos. Evidentemente cada pessoa tem sua própria maneira de lidar com cada um desses acontecimentos, mas as marcas se espalham de maneira semelhante. Só quem nasceu em 2005 sabe o que significou ver o Brasil perder de 7 x 1 aos 9 anos de idade, em 2014, mas talvez não tenha dado tanta atenção à desvalorização da moeda brasileira a partir de 2016 – preocupações com a política cambial são raras nessa idade.

O tempo biográfico dentro de casa

Você já viu por aí cartazes ou placas anunciando "marido de aluguel"? É possível encontrar, tanto na internet quanto nas redes sociais, e mesmo em muros e postes de algumas cidades, essa curiosa oferta de serviços. O nome pode soar estranho, mas não se refere a nenhum tipo de relacionamento. Trata-se de um profissional para fazer pequenos reparos em instalações elétricas, encanamento e eletrodomésticos.

Mesmo dentro de casa o tempo biográfico é vivido de maneira diferente de acordo com o gênero. As atividades ditas "masculinas" são voltadas para a técnica e para a precisão, como operar uma furadeira ou mexer com equipamentos elétricos. A divisão do tempo de trabalho dentro de casa coloca as atividades mais voltadas para a "razão", "precisão" e "técnica" na esfera do tempo masculino; às mulheres, historicamente, estão as atividades relacionadas ao cuidado baseado no afeto.

Espera-se do homem que ele aprenda, em seu tempo, a operar esses equipamentos, ao passo que a mulher, nesse raciocínio, deveria saber lidar com os tempos voltados para a emoção. No limite, é a reedição de um estereótipo no qual os homens estariam voltados para o raciocínio analítico enquanto as mulheres seriam mais voltadas para o aspecto emocional de uma situação.

Esse tipo de expectativa a respeito do que um homem ou uma mulher podem fazer, tem nome. A filósofa norte-americana Judith Butler chama isso de "*performance* de gênero". Em linhas gerais, cada vez que um homem "age como homem" (p. ex., furando uma parede ou cumprimentando outro homem com tapas violentos nas costas), ele está exercendo sua performance de gênero. A palavra vem do teatro, e é exatamente esse o ponto: não basta ser homem, é preciso "fazer o papel" de homem, isto é, corresponder às expectativas a respeito do que se espera de um "homem de verdade".

Vale lembrar que a questão é transversal. Paulina Zart, da Universidade do Vale do Taquari, pontua em uma pesquisa de 2019 que a participação dos homens nas atividades domésticas não está diretamente ligada a questões de renda, faixa etária ou profissão. A partir de entrevistas com mulheres de um município no interior do Rio Grande do Sul, a pesquisadora observou um aspecto decisivo: "o ponto principal se refere à forma como o homem é ensinado, desde a sua infância, e estimulado a realizar os serviços inerentes à esfera doméstica".

Ao que parece, o problema vai mais longe, e está ligado ao modo como homens e mulheres entendem o trabalho e as atividades domésticas. A Professora Rafaela Cyrino, da PUC-MG, mostrou em uma pesquisa realizada em 2009, com grupos de homens e mulheres entre 25 e 48 anos e várias ocupações, que a visão sobre o assunto é bem diferente. Segundo a pesquisadora, "enquanto as mulheres reclamam do pouco envolvimento masculino no trabalho doméstico, os homens possuem um discurso em que se percebem 'dividindo efetivamente tais afazeres' com as mulheres".

Por exemplo, o cuidado com os filhos, em geral, não costuma ser visto como parte da performance de gênero masculina – apesar de diversas mudanças nesse sentido. Até meados dos anos de 2010, por exemplo, era raro encontrar um trocador para bebês em banheiros masculinos de shoppings ou restaurantes. Quando existiam, estavam exclusivamente nos *toaletes* femininos: o tempo do cuidado com os filhos era, institucionalmente, visto como tarefa das mulheres, e sequer havia a preocupação de que o tempo do cuidado com o nenê fosse vinculado aos homens.

O tempo biográfico feminino, como vimos, foi ligado historicamente ao cuidar: estar em casa era cuidar da casa, enquanto para o homem esse tempo era o momento de se distrair após o encerramento da jornada de trabalho. Laura Guimarães, pesquisadora da Universidade Federal de Minas Gerais, estudou essa situação a partir das imagens de homens e mulheres em relação aos filhos mostrada na publicidade. O título de sua tese de doutorado destaca o principal aspecto da questão: *Mães cuidam, pais brincam.*

O tempo biográfico destinado aos filhos, mostra a pesquisa, é vivido de maneira diferente por homens e mulheres: o tempo do homem com os filhos é mostrado como um tempo de diversão, adequado aos momentos de distração após o trabalho, enquanto, no caso das mulheres, o tempo com os filhos é uma parte, ou mesmo uma ampliação, das tarefas domésticas.

Muitas dessas situações estão em plena transformação, ganhando outra feição enquanto você está lendo. Isso se deve às lutas, questionamentos e espaços abertos por gêneros historicamente dominados, que mostram outras possibilidades nas relações sociais. Neste capítulo, por uma questão de foco, o assunto ficou concentrado na divisão de tempo entre homens e mulheres, sem entrar nas outras possibilidades de gênero – sem dúvida faria sentido pensar nisso também.

Problemas ainda seguem, desafiando soluções rápidas. Mais e mais antigas certezas relacionadas ao tempo das performances de gênero são questionadas, e as atribuições são revistas. Uma lição a ser sempre renovada e compartilhada quando se fala de tempo.

E essa não é a única divisão de poder relacionada ao tempo biográfico. As divisões de faixa etária dizem muito sobre nossa relação com o ritmo da vida contemporânea.

A recusa da passagem do tempo

Nossa sociedade parece ter desenvolvido um horror à passagem do tempo. Eliminamos vestígios de sua existência, procuramos suprimir tudo o que nos lembra sua linearidade, evitamos falar de sua presença. Disfarçamos seus efeitos a partir de todo tipo de produto ou procedimentos, na ilusão de congelar o tempo ao qual é atribuído um valor alto, o presente eternamente novo.

Em um tempo acelerado não existe lugar para o envelhecimento e sua experiência. O tempo de um presente eternamente congelado é um tempo sem duração e, evidentemente, sem memória. A novidade pode ser apresentada como tal porque ninguém se lembra de ter visto, assistido, consumido a mesma coisa há poucos dias, talvez poucos instantes, talvez no *post* anterior da mesma rede social. O apagamento da memória não exige a destruição de narrativas; ao contrário, acontece devido ao excesso de fragmentos apresentados como novos a cada vídeo, foto ou postagem.

Esse apagamento não é apenas relacionado ao presente, mas também da própria noção de finitude. Aquilo que remete ao fim, ao envelhecimento, à passagem do tempo presente para um tempo finito, é afastado e colocado à margem, exceto quando resgatado sob o signo de algo novo, como retomada ou releitura. Não se trata, aí, do reconhecimento do passado enquanto memória, mas de sua renovação como produto para ser consumido novamente.

A ideia de "envelhecer bem", em geral, refere-se à preservação de traços associados à juventude: "envelhece bem" quem preserva sua beleza, sua vitalidade, continua inserido em um circuito de produção e consumo, adequa-se ao tempo presente; "envelhece bem" quem não envelhece.

Ou, como define Paula Braga em seu livro *Arte contemporânea: modos de usar*, "queremos ser objetos fechados, definidos, bem recortados, feitos de acordo com um modelo reprodutível e indiferente à passagem do tempo". "Não haver tempo. Para tudo, sem ação, sem corpo natural." E indica a consequência: "Felicidade hoje é não ser". Elaboramos o culto do novo e das promessas do futuro, mas com a condição de que esse futuro nunca seja chamado a dizer o que, de fato, acontece no fluxo do tempo.

Talvez uma das maiores vulnerabilidades da época contemporânea seja estar sujeito aos fluxos do tempo. Removemos para longe dos olhos as marcas da passagem de tempo e as formas pelas quais ela se apresenta. Isso não deixa de ser paradoxal por estarmos todas e todos, sujeitos a ele; é parte de nossa condição humana, é parte de nossa condição natural e biológica.

Estamos entendendo, ao lado do cronocentrismo (a ilusão de valorizar nossa época como a melhor de todas) a ideia do centrismo etário, o *etarismo*, baseado na faixa de idade, com a valorização de uma em detrimento de todas as outras. E começamos a descobrir a diversidade etária, com sua mistura de experiências, vivências e ímpetos. E isso pode trazer melhores resultados práticos: uma sociedade com memória se situa melhor em relação ao futuro.

E, mais ainda, isso diz respeito a outro problema: a finitude.

Finitude e experiência

Seres finitos inseridos no tempo, nós não somos, nós *estamos*. A finitude é um aspecto de tudo o que existe no universo conhecido, e a consciência desse limite nos define como seres humanos. Aprendemos, ainda na infância, que a passagem do tempo tem um limite. Às vezes, na própria família, temos a experiência em primeira mão dessa barreira, e então aprendemos, ou melhor, apreendemos um ponto fundamental da existência: o tempo flui na mesma direção, rumo ao mesmo final.

Saber disso pode nos levar a uma série de perguntas decorrentes.

Algumas são de ordem mais próxima das narrativas religiosas – por exemplo, perguntar o que acontece antes do começo ou depois do fim da vida; outras se aproximam mais do aspecto científico, como o questionamento sobre a origem da vida ou as transformações que ocorrem no universo.

Mas podemos nos perguntar outra coisa: como nós, enquanto indivíduos e sociedade, lidamos com a finitude *durante* a vida? Como nos relacionamos com a passagem do tempo sabendo que existe um limite?

Escolhas: a ética do tempo finito

O tempo está ligado diretamente ao nosso livre-arbítrio. A linearidade do tempo faz com que todas as nossas escolhas estejam inscritas nele: elas são o resultado de um tempo passado e definem o tempo futuro. Nossas escolhas podem ser livres, mas deixam marcas no tempo: elas acontecem em momentos específicos, e suas consequências definem, em maior ou menor grau, as escolhas seguintes.

Nossas escolhas estão fixas no tempo: podemos até mudar de ideia e voltar atrás em uma decisão, mas não conseguimos retornar ao momento no qual a escolha foi feita originalmente. Por isso, nosso livre-arbítrio está ligado ao momento no qual se faz uma escolha, se toma uma decisão: as possibilidades de escolha estão inscritas na linearidade do tempo, tornando cada momento absolutamente único, e cada escolha igualmente importante.

Dito de outra maneira, cada escolha que fazemos é única e irreversível, pois é feita em um momento singular e determinado na direção da finitude.

Geralmente percebemos isso quando alguma coisa dá errado: por exemplo, perdemos o momento de dizer algo importante para uma pessoa, ou, ao contrário, falamos alguma coisa fora de hora. A própria expressão "fora de hora", aliás, mostra essa relação com o tempo. Podemos tentar remediar ou voltar atrás ("não foi isso que eu quis dizer", "desculpe", "não foi bem o que eu falei"), mas a situação já aconteceu: jogando com as palavras, posso desfazer um acontecimento a partir de ações e palavras, mas não posso *não fazer* algo já inscrito no tempo.

(Ei, isso não significa que não se possa voltar atrás, refazer e recomeçar: mas o perdão, como ato político do recomeço, leva tempo. A filósofa Hannah Arendt nos lembra disso em seu livro *A condição humana*: a possibilidade da retomada exige um compromisso, e isso demanda tempo.)

Por estar ligado ao livre-arbítrio, o tempo biográfico também está ligado à ética, entendida como nossa relação com as outras pessoas.

Na linearidade do tempo, nenhuma circunstância pode se repetir de maneira absoluta. Por mais que se procure reviver um tempo, vai ficar sempre faltando alguma coisa – o momento, *aquele* momento.

Você e seu namorado podem refazer novamente sua primeira viagem juntos para marcar, digamos, o aniversário de cinco anos de relacionamento. É o mesmo lugar, as mesmas pessoas. Só vai faltar uma coisa: cinco anos, vocês dois, cinco anos mais jovens. Não é possível deixar de lado as experiências, alegrias, lutas e desafios de cinco anos juntos: a rigor, não são exatamente as "mesmas pessoas" voltando para lá.

A passagem do tempo certamente provocou mudanças em vocês, e seria um exercício de ficção fingir algo diferente. (Mas não é necessário estragar o romantismo do momento: é possível descobrir coisas novas e melhores, tanto em vocês quanto no lugar.) Outro exemplo são as reuniões de bandas após anos de separação. É a mesma banda, mas não é o mesmo momento, e isso faz diferença – e, novamente, não impede a experiência de ser muito boa. Mas é outra coisa, em outras circunstâncias.

Saber que cada instante é único aumenta nossa responsabilidade em relação à maneira como vamos utilizá-lo. Todas as escolhas se tornam relevantes. No cotidiano, evidentemente, nem todos os momentos nos interessam da mesma maneira e, por isso mesmo, não nos preocupamos individualmente com as ações realizadas a cada instante.

Isso faz com que cada instante seja importante, na medida em que é único. E reforça, da mesma maneira, a relevância de cada escolha na definição de quem somos e das nossas relações com os outros.

Como lembra a filósofa Bell Hooks em seu livro *Tudo sobre o amor*, assumir nossas responsabilidades "significa que, diante de barreiras, ainda temos a capacidade de inventar nossa vida, de moldar nosso destino de formas que ampliem nosso bem-estar ao máximo".

Se o tempo da vida humana na Terra fosse ilimitado, teríamos sempre a oportunidade de refazer qualquer coisa, reparar os problemas e começar novamente. No entanto, temos um tempo definido de vida, e cada ação registra a passagem do tempo, indicando nosso avanço nesse fluxo. Por isso, toda escolha define imediatamente um novo fluxo temporal, desenhando um caminho possível para nós.

Percebemos esse fluxo ininterrupto do tempo e a maneira como nos deslocamos nele a partir de nossas escolhas quando, em retrospecto, vemos como às vezes um único evento é responsável por desencadear toda uma corrente de fatos ("se eu não tivesse decidido ir, não teria conhecido você").

Nossa percepção do tempo se desenvolve na intersecção dessas duas perspectivas: de um lado, um eterno presente que se repete em *looping* como novidade; de outro, a finitude da existência, que se torna o ponto de referência das ações.

Entre ambos, a tentativa de um equilíbrio precário, mas fundamental para ressaltar aquilo que define nossa condição humana, nossa consciência do tempo. E, em um lugar especial, estão as memórias.

8
A memória frágil

Lembrar rápido para esquecer depressa

Não há nada mais típico da contemporaneidade do que rever o passado no toque nostálgico das cores pastéis. Filtros de fotos para esquecermos que a câmera é digital. Tipografia manuscrita para esquecermos que mal escrevemos à mão. Uma tentativa de reviver anos dourados, dourando a pílula de décadas nada maravilhosas, e a derradeira escolha pela pílula azul.
Ana Rüsche. *Do amor, p. 83.*

Gostaria de começar este capítulo com algumas perguntas.

Primeira, quantas fotografias e vídeos você tem em seu *smartphone*?

Segunda, com que frequência você revê essas imagens?

Isto leva a uma terceira: para que tantas fotos, tantos vídeos, se nunca mais teremos tempo para vê-los? Qual a finalidade de postar em uma rede social, se ele será visto, curtido e esquecido instantaneamente?

Em seu livro *Mal de Arquivo*, o filósofo francês Jacques Derrida questiona a obsessão contemporânea em registrar tudo, em capturar na forma da imagem. Para que serve uma recordação se ninguém mais vai vê-la? Aprendemos a registrar depressa o instante, capturá-lo o quanto antes, porque sabemos que ele será esquecido rapidamente. A memória, ao que tudo indica, está passando pelo mesmo circuito de aceleração de outras atividades humanas.

Originalmente, a palavra "recordar" vem do latim "*re-cordare*", e significa "trazer novamente para o coração" (*cordis*, em latim). É uma pequena, mas importante, pista para compreendermos a memória: em sua relação com o tempo, ela é quase sempre medida pelos afetos e emoções. "Recordar", "trazer de volta para o coração": não lembramos dos fatos apenas com a razão, mas, sobretudo, com nossas emoções.

Toda lembrança, ao vir à tona, traz junto os aspectos afetivos relacionados a ela. Às vezes usamos a expressão "memória afetiva" para nos referirmos a isso, sobretudo quando os aspectos emocionais têm uma intensidade muito grande. A ideia não está errada, mas poderíamos dizer que, de certo ponto de vista, toda memória é afetiva.

Da mesma maneira, costumamos associar "memória" e "passado". Isso está correto, sem dúvida: só por uma licença poética poderíamos ter lembranças do futuro. A memória está ligada, em primeiro lugar, a uma experiência que já passou. Curiosamente, uma das capacidades da memória é desafiar essa ideia de "já passou": ao "trazer para o coração", podemos viver novamente essa situação no momento presente. A memória atua como uma mediação entre o presente e o passado, uma ponte entre as experiências deste momento e aquelas pelas quais já passamos.

A lembrança atualiza uma memória de acordo com o momento presente, e ajuda a entender o que está acontecendo agora. Ela abre uma janela para um passado e, a partir disso, aprendemos a interpretar o presente. Lembramos não só do que fizemos, mas de como nos sentimos em determinada situação, e, com isso, pensamos melhor nas direções do presente.

Nossa memória é ativa. Ela desperta em nós a recordação não só dos fatos, mas da carga emocional envolvida, relacionando isso com o instante atual no qual estamos nos lembrando de algo. Temos memórias de família, de eventos do trabalho, das vitórias de nosso time, e elas podem ter a mesma intensidade de recordações pessoais. Na prática, não existem barreiras rígidas entre a memória individual e a coletiva: ambas se aproximam no terreno das memórias afetivas.

Paixões alegres, paixões tristes

Recordar, "trazer de volta para o coração" pode ser uma experiência muito intensa. Toda recordação mexe com nossa sensibilidade. A memória atua em nossas emoções do presente, e a lembrança de um passado distante pode interferir na maneira como nos sentimos agora.

Escrevendo no século XVII, o filósofo Baruch de Espinosa ensina, em seu livro *Ética*, que somos seres movidos sobretudo por paixões e afetos. Mas é preciso, desde o início, tomar um certo cuidado com a maneira como ele usa essas palavras.

Na linguagem comum, ligamos "afeto" a "carinho" ou "afeição". Falamos que alguém "foi afetuoso" com a gente quando nos trata bem. Para Espinosa, no entanto, afeto está ligado ao verbo "afetar": um "afeto" é "aquilo que nos afeta", mexe conosco, tanto de uma maneira positiva quanto negativa.

Nossa relação com o mundo, lembra Espinosa, é mediada pela experiência do afeto, ou seja, pela maneira como as pessoas nos afetam, aumentando ou diminuindo nossa vontade de ser aquilo que somos. Espinosa chama essa energia que nos faz sentir vivos de *conatus*, do latim "esforço". O *conatus*, em linhas gerais, é o esforço que todo ser faz no sentido de perseverar naquilo que é, de continuar sendo o que se é.

Quando temos experiências boas, encontros felizes com os outros, nosso *conatus* aumenta, nos sentimos melhores, mais fortes, capazes de fazer qualquer coisa – nossa potência de existir aumenta. Ao receber um elogio pelo seu trabalho, sua reação não fica apenas no plano racional ("Ah, um elogio. Interessante. Certo. Sigamos"), mas mexe com você em termos afetivos ("ei, recebi um elogio, êêêêê"); saber que seu trabalho é bom afeta positivamente você na hora de realizar a atividade novamente.

Na mesma medida, nosso *conatus* diminui quando algo nos afeta negativamente. Depois de uma crítica devastadora, é difícil seguir como se nada tivesse acontecido. Para retomar o *conatus*, precisamos contrabalançar esse afeto triste com algo que mexa com a gente de maneira positiva, digamos, conversando com uma amiga (ou comendo um pedaço de chocolate; Espinosa não deixa de lado que nosso corpo existe e é igualmente afetado).

A maneira como nos sentimos está relacionada às nossas paixões. Novamente é preciso cuidado para não deixar a palavra nos enganar: "paixão" é usada, em geral, para falar de algo muito forte que sentimos por outra pessoa. Não está errado, mas o sentido original é um pouco diferente. "Paixão" vem do latim *passio*, ligada à expressão *pathos* - do grego, "sentir de maneira intensa" ou "sofrer". A palavra não está relacionada ao amor ou ao carinho, mas ao efeito provocado em nós por uma experiência intensa, daquelas que deixam uma marca em nossa sensibilidade.

Dito de maneira simples, enquanto os afetos vêm de fora, as paixões vêm de dentro: seriam nossos "estados de alma", que nos levam a agir desta ou daquela maneira. As paixões movem nosso *conatus* tanto quanto os afetos, interligados na maneira como atingem, e de certa maneira definem, aquilo que somos.

Mas o que tudo isso tem a ver com o tempo e a memória?

A memória tem um imenso poder sobre nossos afetos e paixões. Ela evoca situações, traz de volta imagens e retoma acontecimentos, sempre dotados de alta carga emocional. Imediatamente afetos e paixões são acionados, fazendo com que a gente se sinta bem ou mal, entusiasmado ou abatido, alegre ou triste.

Imagine que, andando pela rua em um dia de sol e céu azul, você vê um anúncio publicitário. Na imagem, a pessoa na foto lembra muito um antigo namorado. Vocês se gostavam muito, mas o relacionamento não foi para frente e terminou de maneira complicada. Seu dia estava ótimo até você ver esse anúncio. E, de repente, tudo ficou sombrio e nublado (o dia continua lindo, só está nublado dentro de você).

O que aconteceu?

Usando o vocabulário de Espinosa, a visão do anúncio *afetou* você, isto é, mexeu com seus afetos a partir da evocação de uma lembrança. Ao ver a pessoa no cartaz, suas memórias sem querer trouxeram à tona um momento negativo. Esse afeto agiu sobre você, diminuindo seu entusiasmo – o *conatus*. Esse afeto também mexe com algo mais profundo, fazendo com que você sinta isso com uma grande intensidade. Essa memória se associa a uma paixão triste, que domina seu estado de ânimo.

Nossas lembranças atuam diretamente na maneira como estamos nos sentindo. A carga emocional de uma memória volta com toda sua força quando ela vem à tona no presente, e nos lança de volta até aquele momento no tempo.

Em um episódio da série *Voyager*, parte da franquia *Star Trek*, o piloto da nave, Tom Paris, é acusado de um crime que não cometeu. Condenado, sua punição é se recordar, a cada 30min, do momento em que teria cometido a ação. Seus amigos na nave têm pouco tempo para salvá-lo: em poucas horas Tom entrará em colapso. O enredo do episódio gira em torno disso: quanto tempo alguém aguenta reviver a lembrança de um ato sombrio antes de perder o domínio de si?

Talvez pareça estranho, mas isso também vale para memórias positivas. A recordação de um bom momento certamente nos ajuda em situações complicadas, e é fundamental para lembrarmos quem somos. Mas há o risco de, idealizando o passado, criarmos dificuldades para viver no momento presente – nesse caso, devido à nostalgia.

Por isso, esquecer é uma condição para seguir em frente.

Inventando memórias

Um dos aspectos mais interessantes de nossa memória é sua capacidade de inventar coisas. Isso vai contra a ideia de vê-la como o lugar onde guardamos nossas lembranças. Nossa memória está em relação com vários outros aspectos de nossa mente, como as emoções, a percepção e a imaginação. "A memória e a recordação põem efetivamente em jogo toda uma estrutura de órgãos, todo um sistema nervoso, toda uma economia de emoções no centro da qual está necessariamente o corpo", lembra o filósofo Achille Mbembe.

Você provavelmente já teve a experiência de uma memória falsa, criada pela sua imaginação. Por exemplo, lembrar de situações nas quais não esteve, de conversas das quais não participou, acrescentar ou eliminar dados de cenas importantes – digamos, garantir que uma pessoa estava em uma festa quando ela comprovadamente estava em outro lugar. Em alguns casos essas lembranças são muito nítidas, e ficamos surpresos, quase desolados, ao percebermos que era um engano.

Não se trata, necessariamente, de uma mentira ou uma invenção proposital. A memória não é feita apenas de lembranças do que aconteceu, mas também do que nos contaram e até mesmo do que imaginamos. A mente humana não é feita de compartimentos com portas separadas com placas "imaginação", "memória" ou "fatos". Na vida cotidiana, todos esses elementos, acrescidos das emoções e afetos ligados a eles, se misturam na formação do que chamamos de "passado", "presente" e "futuro".

Mas por que não lembramos das coisas tal como aconteceram?

No cérebro humano, as conexões entre neurônios levam as informações por caminhos muito diversos, combinando ou separando conteúdos, associando situações atuais e fatos já vividos, criando relações entre eventos separados. É complicado fazer uma separação rígida, por exemplo, entre memória e imaginação: podemos muito bem criar algo para preencher espaços deixados em branco pelas lembranças.

Há mais um ponto em jogo: assim como nosso raciocínio, nossa memória não é linear. Não conseguimos simplesmente acessar um fato a partir de um comando, embora técnicas de memorização ajudem a fixar algumas lembranças.

Nossa memória é formada por mais de uma parte. Em seu estudo clássico sobre o assunto, os pesquisadores Richard C. Atkinson e Richard Shiffrin mostraram uma divisão fundamental nela, que eles chamaram de "memória de curto prazo" e "memórias de longo prazo". Há uma ligação entre ambas, mas, no cotidiano, seus jeitos de funcionar são consideravelmente diferentes.

A memória de curto prazo são as lembranças necessárias para lidar com a situação na qual estamos. Neste momento, por exemplo, você se lembra de como segurar um livro, de todo o processo de alfabetização, do vocabulário da língua portuguesa. Essa memória registra as informações imediatas, sem as quais não conseguiríamos agir. Ao dirigir um carro, a memória de curto prazo lembra a você os movimentos para a troca de marcha, o barulho correto do motor e uma parte das rotas familiares.

Para além disso, existem memórias de longo prazo. São informações importantes, mas não para este momento. Para ler este livro, você não precisa se lembrar de detalhes de sua última festa de aniversário. Elas são nossas lembranças duradouras de fatos e episódios importantes de nossa vida, relacionados – novamente – com algum tipo de emoção ou afeto. Seu primeiro dia de aula na escola, um acontecimento da época da faculdade, sua empolgação com a vitória de seu time: esses e outros eventos compõem memórias de longo prazo. São fundamentais para a formação de nossa personalidade, mas não estão ligadas à realização de tarefas ou atividades imediatas.

Quando alguém menciona "sua última festa de aniversário" ou "seu primeiro dia na faculdade", é provável que você se lembre dele. A memória, aqui, foi estimulada pelas palavras que a trouxeram à tona. Do mesmo modo, podemos treinar associações voluntárias, isto é, ligar uma lembrança a algum tipo de símbolo ou objeto. Por exemplo, utilizar uma loja como ponto de referência no caminho para algum lugar, ou uma característica pessoal e o nome de alguém. Na ficção, às vezes essas associações são utilizadas para ajudar a caracterizar as personagens, permitindo lembrar deles com mais velocidade.

Mas existem outras, talvez mais interessantes: as memórias que não chamamos.

Memórias involuntárias

Antoine Ego é um crítico gastronômico conhecido por seus artigos capazes de destruir, em poucas linhas, a reputação do melhor restaurante de Paris. No final do filme *Ratatouille*, de 2007, Ego está no restaurante Gusteau's, esperando sua comida, contando os segundos para escrever uma crítica devastadora. Ele só não conta com o prato que vai experimentar: Rémy, o ratinho cozinheiro, oferece um *ratatouille*, cozido de legumes típico do interior da França.

Na primeira garfada, Ego é lançado de volta a uma memória de infância: ainda criança, cai de sua bicicleta e se machuca. Ao chegar em casa, sua mãe cuida do machucado com todo o carinho e, em seguida, serve o almoço, um *ratattouille*. A evocação dessa lembrança transforma completamente Ego de um mal-humorado crítico em um entusiasta da comida. A evocação do passado muda o presente a partir de uma associação involuntária provocada pelo prato.

Associações involuntárias, até onde se sabe, são um aspecto exclusivo da memória humana. Elas formam uma ligação inesperada entre algo que acontece no presente e um evento passado. Memórias involuntárias decorrem dessas associações, e só fazem sentido para a pessoa que viveu esse fato. Vistas de fora, podem parecer completamente aleatórias.

O cheiro de uma comida, por exemplo, pode remeter você a situações que não tem nada a ver com o alimento em si, mas desperta um caminho inesperado de associações. O prato pode lembrar você de uma pessoa da faculdade, que tinha um irmão fazendo o Curso de Letras, torcia para o Atlético Paranaense, era fã de *Star Wars* e namorava alguém da outra sala. Essas recordações são derivadas umas das outras em uma ordem que só faz sentido para você.

O caso mais famoso na literatura talvez seja o início da obra *Em busca do tempo perdido*, do escritor francês Marcel Proust. Ao mergulhar uma *madeleine* no chá, o sabor do biscoito evoca memórias de juventude do protagonista - que só se esgotam depois de seis longos volumes. Não existe nenhuma razão específica para *madeleines* se tornarem o ponto de partida da história, e essa é a principal característica das associações involuntárias: como o nome diz, trazem de volta à memória situações ou momentos esquecidos há muito tempo. Deixadas na memória de longo prazo, são trazidas à tona subitamente a partir de algum estímulo que, de outra maneira, talvez passasse despercebido.

Esquecer para lembrar

> *Hoje decidi te esquecer*
> *só por hoje eu decidi*
> *te esquecer*
> *acordei mais cedo*
> *decidi te esquecer*
> *e fui passar o dia desviando de mim*
> Cândida Almeida. *Quando fronteira, p. 102.*

Nossa percepção da realidade é altamente seletiva. Prestamos ou deixamos de prestar atenção em um fato de acordo com sua importância naquele momento. Como nem tudo ao nosso redor nos diz respeito, boa parte do cotidiano passa completamente despercebida. Temos uma vaga noção de que ela existe, mas, por não interferir diretamente com o que estamos fazendo, simplesmente não prestamos atenção.

É bem provável que, neste momento, você não lembre de seu dedão do pé (ele tem nome, aliás: chama-se hálux). Agora que você leu, certamente está lembrando de sua existência, e é possível que você tenha, inclusive, movido o dedo neste momento. Por que você o ignorou até agora? Basicamente, porque ele estava fora de sua atenção. Está lá o tempo todo, mas, como não precisamos nos lembrar dele, deixamos o coitado de lado – mas basta uma leve batida na quina de uma mesa para lembrar dele.

Pesquisadora da área de ciências da saúde e neurociência, Rachel Schlindwein-Zanini, da Universidade Federal de Santa Catarina, em um artigo publicado em 2016 na revista *Scientific American – Mente & Cérebro* alerta que, em termos biológicos, a memória precisa ser cultivada para funcionar corretamente.

Memórias, explica, são formadas a partir de mudanças nas sinapses, isto é, dos sinais elétricos transmitidos entre as células cerebrais, os neurônios. "Isso significa que, mesmo no caso de pessoas saudáveis, ligações antigas precisam ser fortalecidas e novas sinapses necessitam ser desenvolvidas e consolidadas, pois uma memória 'frágil' desaparece facilmente." Não basta, portanto, fazer o registro para recordar de alguma coisa. Como resume a cientista, "se quer se lembrar de algo, repita, repita e repita".

Memorizamos com mais facilidade aquilo que é mais necessário, imperativo para nossa sobrevivência. Alguns milhares de anos de evolução mostraram que não precisamos nos lembrar de tudo, mas é importante guardar algumas memórias fundamentais.

Desde o tempo das cavernas, era importante memorizar quem era do grupo e quem era inimigo; onde havia animais perigosos e onde era possível caçar; quais plantas poderiam ser usadas para comer, as ervas com propriedades curativas e as venenosas.

À medida que as coisas foram ficando mais complexas, as lembranças ganharam um suporte externo, isto é, os registros, desde as pinturas nas paredes de uma caverna até os processadores digitais. O desenvolvimento da razão, nos seres humanos, está ligado à capacidade de lembrar. Não é coincidência que as primeiras pinturas rupestres mostrem um registro das lembranças do dia – a caçada, as pessoas do grupo em volta do animal, o céu noturno.

Essas lembranças eram transmitidas oralmente, de geração a geração, mas também na forma de objetos, utensílios, roupas e símbolos. Com passar das épocas, começamos a registrar nossas atividades, as relações entre as pessoas, os vínculos familiares e tudo o mais que entendemos como características do ser humano. A cultura, ao que tudo indica, começa com a memória.

Mas nem tudo é importante. Embora, até onde se saiba, nossa mente tenha uma capacidade imensa de armazenamento de informações, apenas uma parte dos eventos é, de fato, guardada: o resto é deixado de lado. Por economia, nossa mente evita se sobrecarregar. Imagine, por exemplo, o esforço inútil de prestar atenção nos mínimos detalhes do cotidiano e guardá-los exatamente da maneira como aconteceram.

Para lembrar, precisamos esquecer. Como destaca a Professora Schlindwein-Zanini, “há momentos em que é preciso esquecer para recordar mais e melhor, seja pela dor que uma lembrança provoca ou com a finalidade de abrir caminho em meio a conteúdos já dispensáveis em nosso cotidiano, para armazenar e evocar algumas informações mais úteis no momento". Segundo ela, é "um pouco semelhante ao computador, que precisa de espaço no HD para novos arquivos".

Como toda atividade mental, memorizar exige esforço, tempo e dedicação. Se você já precisou ficar absolutamente concentrado em alguma coisa por um tempo maior do que uma hora, deve ter sentido um imenso cansaço mental – ironicamente, a ponto de nos fazer esquecer de outras coisas importantes.

Durante minha defesa de doutorado, esqueci o nome do filósofo francês Michel Foucault, de longe um dos nomes mais conhecidos nas Humanas.

A banca já durava quase cinco horas (isso era relativamente comum naquela época; atualmente o tempo caiu pela metade). Eu estava respondendo às perguntas do último avaliador, concentração absoluta, com direito a referências, citações e comentários. A certa altura precisei mencionar Foucault. Mas quem disse que eu lembrava o nome dele? Curiosamente, recordava de outras características suas:

"Quem disse isso foi... Aquele filósofo francês... Alto... que usava gola rolê..."

O avaliador sorriu e disse:

"Foucault?"

"Não podia esquecer no meio da banca, né?", respondi, sem graça.

"Pode, depois de quatro horas pode", ele concluiu.

Quando precisamos nos concentrar em tudo, algumas coisas ficam pelo caminho.

Memória absoluta, se existe, é exceção: podemos, eventualmente, guardar todos os detalhes de alguma situação, mas não de todas. Ao recuperar uma informação, trazemos as partes mais significativas de um evento, que nos marcaram de maneira intensa e direta. Até a memória mais completa apresenta espaços em branco a serem preenchidos. Nesse sentido, toda memória é construção. Inclusive aquelas das quais temos mais certeza. Inclusive a dos outros.

A memória coletiva

Em meados do ano de 1325, um destacamento de religiosos foi mandado de Avignon, no sul da França, onde o Papado estava instalado, até a pequena cidade de Tolentino, norte da Itália. Objetivo: tomar nota dos milagres atribuídos a um certo Nicolau, monge agostiniano, morto anos antes, para seu processo de canonização. Entrevistaram centenas de pessoas, registrando os depoimentos em atas – usadas pelo historiador francês Didier Lett como fontes de seu livro *Un procés de canonisation au Moyen Âge*, ("Um processo de canonização na Idade Média") publicado em 2008.

Camponeses, moradores das vilas, nobres, pequenos proprietários, todos tinham algo a dizer sobre Nicolau. Seus feitos, como os de qualquer santo, incluíam curas, mudanças no clima, intervenções decisivas, e, claro, o castigo dos injustos, hereges e outros infiéis. Era lembrado com carinho pela população; sua vida era exemplo e fonte de veneração.

Mas o processo de canonização não era simples. Era preciso arcar com despesas, reunir evidências e enquadrá-las em uma narrativa boa o bastante para convencer os tribunais eclesiásticos da Santa Sé. Por que tudo isso para canonizar um obscuro religioso, até então desconhecido?

Para a recém-fundada Ordem dos Agostinianos, ter um santo entre suas fileiras a colocaria no mesmo patamar de outras, como franciscanos e beneditinos – ligadas a São Francisco e São Bento. No caso do Papa, era interessante apoiar alguém que tinha combatido heresias. Finalmente, isso faria da cidade de Tolentino um centro de peregrinação, ganhando importância comercial, política e espiritual. O processo, com base nas lembranças das pessoas, deu certo. Nicolau virou São Nicolau, a ordem ganhou um santo, a cidade se tornou importante e a história segue. Caso encerrado.

Mas não para o historiador. Afinal, se as pessoas lembravam de tantas coisas maravilhosas, certamente devia haver algum registro feito ainda durante a vida de Nicolau.

Didier Lett começou então a procurar outras evidências da vida do santo. Segundo o processo da comissão eclesiástica, ele teria vivido entre 1245 e 1305. Mas os registros nos arquivos da região não marcavam o nascimento ou falecimento de nenhum Nicolau nessas datas.

Aliás, parece que a instauração do processo de canonização subitamente reavivou a memória das pessoas: a comissão papal conseguiu centenas de depoimentos, mas ninguém falava do santo antes de 1325. Era como se ele tivesse conseguido manter em sigilo as curas e atos sobrenaturais atribuídos a ele no processo.

Como se pode esperar de um santo, Nicolau de Tolentino só apareceu quando se tornou necessário. Nada há além do próprio processo, rico em testemunhos e evidências. Assim, Lett conduz a leitura à conclusão: no verão de 1325, na região italiana de Tolentino, centenas de pessoas se lembravam perfeitamente de alguém que nunca tinha existido.

Até que ponto as suas memórias são, de fato, suas?

Assim, de maneira direta, a pergunta pode parecer no mínimo descabida. De quem mais poderiam ser, se só você teve as vivências das quais se recorda? Poucas coisas podem ser mais pessoais do que sua memória: alguns fatos só foram vividos ou testemunhados por você, correto? Essas imagens, sons e pensamentos do passado não habitam nenhuma outra consciência além da sua – segredos desconhecidos de todos os outros.

No entanto, algumas de suas outras vivências estão em outras memórias também. Seu primeiro beijo está na sua memória, mas também nas lembranças da outra pessoa (assim esperamos). Suas festas de aniversário, quando criança, circulam nas recordações de seus amigos, parentes e convidados.

Algumas das suas lembranças vêm dessas recordações dos outros: você escutou as conversas a respeito, viu fotos e vídeos sobre o fato. Suas lembranças e recordações são compartilhadas por outras pessoas. A memória, uma das características mais individuais do ser humano, tem uma outra dimensão: ela é *coletiva*.

Essa proposta ousada foi apresentada pela primeira vez pelo sociólogo francês Maurice Halbwachs em uma obra intitulada, sintomaticamente, *A memória coletiva*, publicada postumamente em 1951. A ideia básica de uma "memória coletiva" é que nossas lembranças não são individuais como gostaríamos de imaginar, mas quase sempre são compartilhadas com os diversos grupos nos quais estamos inseridos.

O passado é uma construção coletiva, alimentada todos os dias por relatos, fotografias, filmes, séries de televisão e *posts* em redes sociais. À medida que outras pessoas expõem suas memórias a respeito de um fato, aprendemos novos aspectos a seu respeito. Mesmo sem perceber, acabamos incorporando isso às nossas memórias – detalhes que haviam nos escapado, aspectos diferentes, informações complementares que nos ajudam a desenhar melhor o cenário de uma determinada lembrança.

A memória não é coletiva por ser dividida entre todas as pessoas. Embora cada pessoa tenha seu ponto de vista sobre o passado e as lembranças que traz dele, estamos entrelaçados em uma trama de narrativas, relatos, imagens e histórias a respeito dessas memórias. Colocamos tudo isso em nossas próprias narrativas sobre o passado, e entendemos as situações vividas também a partir dessas referências.

A memória social dos mesmos eventos pode variar de acordo com a percepção de cada grupo a respeito de um assunto.

Em uma pesquisa sobre a memória coletiva de moradores da Inglaterra e dos Estados Unidos a respeito de eventos históricos, Jacqueline Scott e Lilian Zac, da Universidade de Essex, mostraram como um fato pode ser lembrado de maneiras diferentes, ou mesmo completamente esquecido. Enquanto os britânicos, por exemplo, não se recordavam das lutas por direitos civis nos Estados Unidos, os norte-americanos não tinham memórias relacionadas à Guerra das Malvinas. A Segunda Guerra Mundial ocupava o dobro de espaço nas recordações dos ingleses, exatamente ao contrário da quebra da bolsa de valores de Nova York em 1929. A memória é altamente seletiva, e isso diz respeito também ao que vamos lembrar, ou apagar, da história.

Nossa memória não é formada apenas por experiências de primeira mão, aquelas das quais participamos. Ela também é criada a partir das histórias que ouvimos, e podem criar uma curiosa sensação de familiaridade com fatos que nunca chegamos a vivenciar de verdade.

A memória na velocidade da imagem

Você lembra do ataque às Torres Gêmeas, em Nova York, em 2001? Ou da derrota da seleção para a Alemanha, o 7 x 1 de 2014? "Mas eu nem era nascido!", você pode dizer. É verdade. Mas isso nunca foi impedimento para nos lembrarmos de alguma coisa. Você pode não ter visto *o acontecimento*, mas certamente já viu *imagens* desses momentos.

A sequência de gols da Alemanha, em 2014, editada para ficar ainda mais rápido do que foi na realidade, foi recorrente em vídeos circulando *online*, assim como a foto do corpo do menino Alan Kurdi, refugiado sírio, em uma praia da Itália, em 2015, também foi reproduzida milhares de vezes.

Você não viveu, mas lembra porque *viu a imagem*.

Um dos pontos mais importantes para entender a memória coletiva é o fato de que estamos expostos, desde crianças, a representações do passado. Qualquer data histórica a ser comemorada significa uma enxurrada das mesmas imagens, geralmente as mais conhecidas, para ajudar a caracterizar uma situação. Podem ser fotografias ou trechos de filmes, que, repetidos à exaustão, se tornam sinônimos do acontecimento. Elas se tornam imagens *icônicas* daquele momento.

A pesquisadora Ana Paula da Rosa, especialista no tema, desenvolve estudos sobre a circulação dessas imagens, mostrando como elas ao mesmo tempo se cristalizam e se dissolvem em nossa memória – a superexposição pode também contribuir de maneira negativa para nossa relação com a memória.

Em geral, trata-se de registros jornalísticos que, na velocidade das mídias, rapidamente percorrem todo o globo e se tornam altamente representativos do que aconteceu. Passam a fazer parte da memória coletiva do evento: ao falar do fato, recordamos imediatamente *daquela* imagem.

Imagens icônicas têm um poderoso efeito na memória coletiva. Basicamente, trata-se de fotografias, geralmente de eventos históricos, reproduzidas milhares de vezes em sites, redes sociais, jornais e revistas. São imagens recorrentes, mostradas quando se precisa falar de um determinado evento histórico. De certa maneira, elas capturam o essencial de um acontecimento e, por isso, se tornam *a* representação do fato – daí falar em imagens icônicas.

Lembrando do que não aconteceu

Uma das maneiras mais simples, e ao mesmo tempo mais perturbadoras, de perceber a ligação entre a memória individual e a memória coletiva é quando algumas de nossas lembranças mais fortes e nítidas caem por terra diante de evidências muito fortes de que as coisas *não foram* daquela maneira.

Você pode se lembrar que, para comemorar seu primeiro dia de emprego novo, tomou um sorvete em uma lanchonete perto de seu lugar de trabalho. Você sabe descrever o lugar em detalhes, dizendo até os sabores que escolheu. Durante anos, sustenta essa memória, até saber, digamos, que a lanchonete só foi inaugurada meses depois de sua entrada no novo emprego.

A memória, lembra Halbwachs, está relacionada às nossas informações sobre um fato, mesmo quando os dados não são em primeira mão. Quando uma situação é muito familiar, podemos *imaginar* memórias dela, quando, na verdade, não chegamos a viver aquela situação, pelo menos não como pensamos.

Para Raoul Germain Blé, professor e pesquisador da Universidade de Abidjan, na Costa do Marfim, a memória coletiva é parte do processo de educação. Em um estudo sobre a memória de três grupos culturais do país, Blé mostra como as histórias, canções e celebrações são fundamentais para estabelecer as memórias coletivas de cada um. O diálogo entre as gerações, em particular, é o principal ingrediente para manter a memória viva. Para o pesquisador, isso não se resume aos eventos e fatos históricos, mas a toda cultura – saber fazer é parte da memória cultural de um povo.

Para usar um exemplo de Halbwachs, mesmo que você nunca tenha estado em Londres, é bem provável que você não apenas conheça a cidade, mas pode ter, inclusive, lembranças dela. Certamente você não *viveu* essas experiências, mas pense em quantos filmes, episódios de séries e *posts* você já viu sobre Londres (ou Paris ou Nova York)? Não é impossível que, se um dia você for mesmo a uma dessas cidades, elas pareçam estranhamente familiares: no limite, é possível que você *se recorde* de lugares que nunca visitou. Do ponto de vista de Halbwachs, o fato de não ter estado em uma cidade, ou participado de um evento, não é um impedimento na hora de se lembrar: as imagens vistas são mais do que suficientes para a criação de uma memória coletiva a respeito de um assunto.

Você pode perfeitamente se lembrar do que nunca aconteceu.

Passado, história e memória

À primeira vista, a noção de tempo histórico é facilmente confundida com a noção de "passado". Você talvez tenha aprendido a ver a História como a área responsável por mostrar "o que foi o passado" ou é um "estudo do passado", como se ele fosse um objeto pronto e acabado. O tempo histórico seria o passado congelado no passado, formado por nomes, datas e eventos sem muita relação com a atualidade.

Nada mais distante da noção de tempo histórico.

Como explica David Lowenthal em seu livro *O passado é um país estrangeiro*, existe uma diferença fundamental que deve ser lembrada logo de saída: História e passado não são a mesma coisa. No senso comum, confundimos com facilidade a ideia do "passado", como aquilo que já aconteceu, e de "História", um tipo de conhecimento voltado para reconstruir e interpretar esses eventos. O passado, enquanto tempo, já aconteceu, está congelado como um ponto fixo e imutável. Mas a História não é esse passado: ela não se refere "ao que aconteceu", mas, de maneira mais exata, "ao que podemos saber sobre algo que provavelmente tenha acontecido".

O tempo histórico é um tempo passado, mas visto pelas lentes do presente. Não temos acesso direto ao que passou; só podemos reconstruí-lo a partir das pistas deixadas em uma época e que sobreviveram até nossos dias.

Para reconstruir exatamente um dia, seria necessário vivê-lo novamente, em todas as suas nuanças. Como não podemos voltar no tempo para saber exatamente "o que aconteceu", utilizamos as fontes, isto é, os dados e evidências aos quais se tem acesso. Uma fotografia, por exemplo, ou um manuscrito, são como janelas que nos permitem olhar o passado; não nos permitem ver tudo, mas apenas uma parte, daí nossa visão limitada e relativa do passado.

Vemos o tempo histórico passado de acordo com nossas ideias do presente: os heróis de ontem podem ser contestados hoje e vistos de uma maneira completamente diferente. Do ponto de vista de um tempo histórico, o passado está em constante movimento, sempre aberto a novas evidências, novos documentos e interpretações.

Uma das atividades da História é, justamente, questionar essas fontes. Não é porque um documento sobreviveu até nossos dias que ele significa a "verdade" dos fatos: assim como hoje, essas evidências mostram apenas uma parte dos acontecimentos, e também trazem as marcas de sua própria época, incluindo seus preconceitos, sua mentalidade, pontos de vista e intenções.

O relato de uma situação, por exemplo, pode ter sido feito, em seu tempo, para incriminar ou inocentar alguém. Ao estudar esse texto, uma historiadora ou historiador precisa também levar isso em conta ou corre o risco de tomar como um "relato objetivo" aquilo que é, na verdade, uma visão bastante enviesada de um fato.

As divisões do tempo histórico, como, por exemplo, "Idade Média" ou "Idade Moderna" são elaborações dos historiadores para tornar o tempo passado mais fácil de entender e assimilar. Mas isso não significa que, no passado, as pessoas se entendessem dessa ou daquela maneira. Um medieval dificilmente se veria como "medieval": de seu ponto de vista, ele vivia em uma época tremendamente avançada, e provavelmente estaria deslumbrado com algumas das invenções de seu tempo (como os botões nas roupas, óculos e a pólvora) tanto quanto ficamos fascinados com a internet ou a exploração do sistema solar atualmente.

"Na minha época era melhor"

Isso explica também, de certa maneira, como construímos nosso passado coletivo, desde as lembranças de família até os grandes eventos de um país, ou mesmo de todo o planeta. O passado é transformado em imagens, narrativas, histórias que contamos e ouvimos, e podem ser encontradas desde conversas pessoais até os livros de História.

Esses materiais ajudam a construir as memórias que temos de um evento nos mostrando uma *representação* dos fatos do passado. Em muitos casos, essa representação é a única, ou acaba se tornando a dominante – seja porque não existem outras, seja porque as demais versões da história foram esquecidas ou propositalmente deixadas para trás. De qualquer maneira, elas passam a ser *a* versão, compartilhada por toda uma coletividade. E, dessa maneira, se tornam a memória coletiva de um grupo.

Essa via de acesso ao passado é, às vezes, a imagem dominante que fazemos a respeito de uma época. O curioso é que, em muitos casos, mesmo quem *viveu* essa época pode acabar adotando as representações coletivas a seu respeito, moldando sua visão a respeito de um período a partir da maneira como ele é apresentado no presente. A ideia dos "bons velhos tempos" ou "na minha época era melhor", por exemplo, pode ser altamente enganadora quando confrontadas com índices reais de desenvolvimento. A noção dos "agitados anos de 1920" ou da "revolução dos anos de 1960" são memórias formadas pelos vestígios de um tempo muito mais complexo, com dias memoráveis, é verdade, mas também de vários outros tremendamente monótonos.

Cresci ouvindo histórias sensacionais sobre a seleção brasileira de futebol masculino na Copa do Mundo de 1970. A partida final contra a Itália, 21 de junho de 1970, em particular, havia sido uma obra de arte. Quando trechos eram exibidos, via dribles fantásticos, passes sobrenaturais, finalizações perfeitas – e quatro gols da vitória contra a Itália. Muitos anos depois assisti a íntegra da partida. Realmente, os trechos incríveis estavam lá. Mas também toques de bola, faltas, erros, assim como ataques da Itália. A representação com a qual eu estava acostumado mostrava um jogo formado só de lances espetaculares; ver o jogo inteiro mostrou uma partida bem diferente das lembranças que formaram esse *imaginário* do passado.

A memória coletiva, nesse aspecto, assume uma finalidade também política: o tempo passado, compartilhado na forma de representações de um grupo, é uma importante referência para se entender o presente. Não por coincidência, o cuidado com a memória de um povo é um dos fatores essenciais que o ajudam a se constituir como nação: a memória coletiva oferece um certo senso de unidade, de origem comum, fio responsável por unir todas e todos os participantes de uma determinada comunidade.

Memórias e paixões políticas

Nem sempre, aliás, a memória joga a nosso favor. Às vezes um determinado evento atual desperta lembranças associadas a uma carga emocional muito difícil de lidar, transformando o presente. O tempo passado atua diretamente sobre o presente, definindo a maneira como nos sentimos, trazendo de volta, pela mediação da memória, elementos emocionais fundamentais para definirmos quem somos.

Isso não acontece apenas no plano individual. A memória coletiva também é responsável por despertar afetos e paixões referentes ao presente. Assim como existem afetos e paixões evocados de acordo com a biografia de cada pessoa, o passado de um grupo, ou mesmo de uma sociedade, também está muito ligado aos aspectos emocionais de cada acontecimento.

E a ligação entre ambos é mais próxima do que podemos imaginar, marcada pelos rituais do tempo.

9
Datas, símbolos e feriados

A velocidade dos rituais do tempo

tempo vindo, tempo ido
nosso patrimônio seja
qualquer lembrança vivida
à luz de sorriso e muito livro
Ana Elisa Ribeiro. *Álbum, p. 77.*

A maior parte dos rituais de nossa sociedade está ligada ao tempo.

Celebramos o aniversário de praticamente qualquer coisa: o nosso, claro, de nossos familiares, amigos e parentes; de namoro, de casamento, talvez até de divórcio; de emprego, de função no emprego, de mudança de emprego; da Independência, da República, do nascimento de alguém importante para nossa religião, momentos decisivos de sua vida; de casa nova, de passeios e viagens; de cachorros, gatos, hamsters ou outro bicho de estimação. Qualquer motivo é suficiente para comemorar o fato de a Terra ter retornado à mesma posição em relação ao Sol. E se você não tem paciência para aguardar uma volta completa, inventa-se um jeito de comemorar a data mês a mês.

Essas datas são a ponta do iceberg de nossa maneira de dar um *sentido* ao tempo. A vida em sociedade se desenvolve ao redor de datas e divisões do tempo que indicam as atividades de cada momento. E, mais importante, seu *significado* para as pessoas.

Boa parte dessas datas tem um significado ritual coletivo, e o fato de serem fixadas nos calendários nos lembram que fazemos parte de uma comunidade com a qual compartilhamos os significados do tempo. E isso informa também o que, como sociedade, escolhemos celebrar.

Festas, feriados e celebrações

Organizamos nossas atividades de acordo com vários tipos de calendários, obedecendo desde a divisão diária em horas (e, dentro delas, de minutos), passando por escalas mais amplas, como semanas e meses, até chegar em anos, a maior unidade perceptível durante o tempo de uma vida humana – ninguém consegue contar sua vida em séculos. Cada escala de tempo ajuda a organizar um aspecto de nossa vida. As atividades diárias, por exemplo, são ordenadas em ciclos de 24h.

Em uma escala um pouco maior, a semana nos diz o que pode ou não ser feito em cada dia, e organizamos nossas tarefas pensando nessa escala. Para períodos mais longos, organizamos os ciclos dos meses de acordo com as atividades predominantes neles – em termos, digamos, de férias, um feriado prolongado, seu aniversário.

Em alguns casos, sobretudo em ciclos mais amplos, pode ser difícil separar o calendário pessoal do coletivo. Você pode não celebrar nem Páscoa nem Natal, mas esses dois ciclos de festividades, assim como o Carnaval, fazem parte de um calendário público e, por isso, servem também para pontuar o ciclo de atividades anual. Estamos na "época do Natal", na "semana do Carnaval" ou no "final do ano", por menos que você, pessoalmente, goste ou participe dessas datas. Não há como entrar em uma loja perto do Dia das Mães sem ser imediatamente lembrado dessa comemoração.

Essas datas mostram, ao mesmo tempo, a linearidade e a circularidade do tempo. O tempo pode ser entendido a partir da imagem de uma espiral em movimento: ela avança, mas passando sempre pelos mesmos pontos. Todos os anos você comemora seu aniversário, mas a cada ano uma idade diferente; datas comemorativas se repetem, mas são celebradas de maneira diferente, de acordo com o significado de cada novo momento.

O tempo está dividido em ciclos que se repetem, mas nunca da mesma maneira. E marcamos cada um com rituais periódicos de celebração.

Símbolos do tempo

Por que temos rituais para marcar datas?

É, em primeiro lugar, uma estratégia de identidade social. Eles nos ajudam a lembrar quem somos, quais são nossos valores e crenças. Em outras palavras, nossa origem. Rituais ensinam a organizar nossa vida e, mais ainda, dar sentido para ela. O antropólogo francês Claude Lévi-Strauss chama isso de "eficácia simbólica" do ritual em seu livro *Antropologia Estrutural.*

Rituais não têm nenhuma finalidade "prática", por assim dizer. Essa é justamente uma de suas características mais importantes: eles lidam com a esfera do simbólico, com o tempo de nossa memória e imaginação. Para nós, as coisas nunca têm apenas seu valor imediato: a camisa de um time de futebol pode ser só um pedaço de tecido costurado, mas para uma torcedora ela tem um valor simbólico que a torna especial. Seu aniversário é apenas mais um dia para bilhões de outras pessoas no mundo, mas é o momento mais importante do ano para você, e deixar de comemorar pode ser especialmente frustrante.

Por isso, um ritual nunca é "apenas um ritual": ele mexe com as concepções, crenças e valores das pessoas e da sociedade. Participar de um ritual é fazer parte da comunidade que compartilha seus símbolos – por isso, faz toda a diferença comemorar ou não uma data.

Os rituais estão diretamente ligados ao tempo. É um tempo especial, destacado dos outros tempos ordinários que povoam o ano. Quando realizamos um ritual de celebração, trazemos para os dias de hoje algum acontecimento do passado, atualizando seu significado. No seu aniversário, rememora-se o dia em que você nasceu, retomando a posição relativa do Sol e das estrelas naquela data; nas celebrações religiosas, recorda-se de algum feito, pessoa ou evento de importância, e sua contribuição é retomada. Em alguns casos, os rituais periódicos relembram o que aconteceu em um momento importante, como acontece em algumas celebrações religiosas.

Para quem não celebra o Natal, o dia 25 de dezembro é apenas uma data próxima do solstício de verão, dia mais longo do ano no hemisfério sul; para cristãs e cristãos, é uma das datas mais importantes de seu calendário, junto com a Páscoa. A preparação para comemorar esse dia pode ter início várias semanas antes, e esse tempo vai se tornando mais e mais especial conforme a data se aproxima.

Para garantir sua eficácia, os rituais devem respeitar intervalos regulares entre si. O tempo do ritual precisa ser destacado dos demais, sob pena de ficar banalizado – o que significaria seu fim, aliás. Rituais dividem a passagem do tempo não em termos de "semanas" ou "anos", mas do sentido atribuído pela sociedade aos fatos que devem ser periodicamente lembrados.

Embora, no dia a dia, o calendário pareça mostrar eventos fixos no tempo, ele é uma criação da sociedade e, por isso, diz algo sobre a maneira como pensamos, nossas memórias e nosso imaginário.

Feriados políticos: os rituais da memória

Qual o nome da rua onde você mora? Se é o nome de alguém, quem foi essa pessoa? O que fez para merecer se tornar nome da rua? Quem, aliás, sugeriu ou decidiu batizar esse local com o nome de alguém? As praças e avenidas perto de sua casa homenageiam quem? Essas perguntas, assim, de pronto, são para nos lembrar que o passado está muito mais próximo do que imaginamos. Neste trecho, sigo vários argumentos das argentinas Beatriz Sarlo, ensaísta, sobretudo em seu livro *Tempo Passado*, e da historiadora Elisabeth Jelin, em *La lucha por el pasado*.

Os nomes de ruas, praças e avenidas, as estátuas e monumentos expostos em lugares públicos, a denominação de prédios e edifícios nos mostram *um* passado, o passado escolhido por alguém para ser mostrado e visto por todos. Quais são os critérios dessas escolhas? Por que homenageamos algumas pessoas e esquecemos de outras? Esses lugares mostram a maneira como nos relacionamos com o passado a partir do significado que atribuímos aos fatos no presente.

A instituição do tempo político do passado é carregada de paixões que ajudam a compreender e interpretar o tempo presente – a memória do passado é ativa na construção das interpretações do presente de acordo com as paixões despertadas pelas lembranças do tempo que foi.

Por que celebramos algumas datas e outras não?

A resposta pode ser resumida em termos simples: celebramos datas quando elas mostram o passado que queremos ver na atualidade. Aquele que interessa ser mostrado, visto e lembrado atualmente. Datas são um espaço de disputa pela memória coletiva, e mobilizam o esforço de indivíduos e grupos para destacar acontecimentos de seu interesse. Outros dias, eventualmente, podem ser esquecidos e, no limite, retirados dos calendários.

A celebração ou não de uma data como feriado, bem como o estilo e o tamanho de sua comemoração, depende de como se entende o passado e se define o que deve ser lembrado ou esquecido. Em alguns casos, datas são deixadas de lado para cair no esquecimento porque poderiam trazer à tona fatos ou situações com as quais não se quer, ou não se pode, lidar no momento presente. O apagamento do tempo é parte da política da memória de uma sociedade.

Essa decisão está ligada a um complexo jogo de forças relacionadas à imagem do passado que se busca mostrar. Embora o calendário nos mostre que dia é hoje, também é um olhar para o tempo passado, mostrando, de tudo o que aconteceu, quais eventos queremos lembrar – e quais vão ser esquecidos.

Em geral, ao olhar um calendário brasileiro, por exemplo, encontraremos duas ou três datas celebrando acontecimentos de uma religião, mas nenhuma menção aos momentos importantes de outras. Algumas figuras ou datas históricas, quase todas ligadas a pessoas e eventos que definiram as feições políticas do país, são celebradas com feriados.

Comemoramos a Independência e a Proclamação da República, Tiradentes e a data de fundação de uma cidade ou um estado, mas não há mais grandes comemorações da chegada dos portugueses – isso foi feito durante muito tempo, quando ainda se falava em "descobrimento"; as comemorações do dia 13 de maio como a "libertação dos escravos", destacando a figura da Princesa Isabel, vem sendo progressivamente pensadas em relação ao Dia da Consciência Negra, em 20 de novembro, destacando as figuras e mobilizações de homens e mulheres negras ao longo da história.

Datas são um espaço político, momentos de destaque para um acontecimento ou uma pessoa, aumentando sua visibilidade hoje em dia. Lembrar de um fato é trazê-lo para a atualidade, pensar em seus significados e consequências, mostrar como ele se encaixa na vida contemporânea.

Em qualquer data comemorativa, vivemos um momento de rememoração e atualização de um evento; pensamos em seu significado, tanto no contexto de sua época quanto para os dias atuais. Toda celebração é uma atualização: não comemoramos um fato apenas por sua importância na época em que aconteceu, mas pelo que ele nos diz hoje.

De quem é o dia hoje?

Rituais do tempo estão presentes em todo o nosso cotidiano, mesmo quando não chegamos a prestar atenção. O nome dos dias da semana, por exemplo, reflete como dividimos nosso tempo de acordo com nossas crenças ou atividades. Na cultura ocidental existem duas grandes origens rituais, com a dedicação dos dias a atividades de caráter religioso.

A primeira, adotada na maior parte dos países, liga cada um dos dias da semana a um planeta. Tanto na mitologia grega quanto na nórdica, planetas eram considerados divindades, e, por isso, tinham um dia reservado a eles, em uma ordem que geralmente começava com o Sol e terminava com o planeta mais distante conhecido até então, Saturno.

Esse modelo, no entanto, começa a partir da Idade Média a enfrentar a concorrência de um outro, o calendário cristão. As divindades pagãs são abolidas e, em seu lugar, aparece uma semana de cinco dias sem eventos particularmente interessantes, delimitada por um dia de descanso - o *sabbath*, vindo da tradição judaica - e o domingo. É interessante notar que o Dia do Sol é substituído pelo Dia do Senhor (*Domenicus*, em latim, de onde vem nossa palavra domingo), voltado para a celebração religiosa. Portugal foi o único país a seguir rigorosamente esse tipo de nome para os dias da semana, enquanto a maior parte dos países europeus mesclou as duas denominações, em graus diversos.

Origem do nome dos dias da semana

Origem eclesiástica		**Origem nos nomes de divindades e planetas**					
Português	**Latim eclesiástico**	**Planeta**	**Latim**	**Espanhol**	**Francês**	**Alemão**	**Inglês**
Domingo	*Domenicus*	Sol	*Solis*	*Domingo*	*Dimanche*	*Sonntag*	*Sunday*
Segunda-feira	*Feria secunda*	Lua	*Luna*	*Lunes*	*Lundi*	*Montag*	*Monday*
Terça-feira	*Feria tertia*	Marte	*Martis*	*Martes*	*Marti*	*Dienstag*	*Tuesday*
Quarta-feira	*Feria quarta*	Mercúrio	*Mercuri*	*Miércoles*	*Mercredi*	*Mittwoch*	*Wednesday*
Quinta-feira	*Feria quinta*	Júpiter	*Jovi*	*Joves*	*Jeudi*	*Donnerstag*	*Thursday*
Sexta-feira	*Feria sexta*	Vênus	*Veneris*	*Vernes*	*Vendredi*	*Freitag*	*Friday*
Sábado	*Sabbath*	Saturno	*Saturni*	*Sábado*	*Samedi*	*Samstag*	*Saturday*

Fonte: adaptado de Richards (2000) e Hafroc-Stevens (2005).

Outro ritual do tempo com o qual convivemos, talvez sem prestar muita atenção, é o início do ano.

Não existe nenhuma razão astronômica para o ano começar dia 1º de janeiro. Em nenhum dia, aliás: como o movimento da Terra é contínuo, poderíamos escolher qualquer dia, aleatoriamente, como início do ano – e vários povos utilizam outras demarcações. Colocar o início do ano em janeiro aproxima a data do solstício de dezembro, dia mais curto do ano no hemisfério norte, mas nem sempre foi assim.

Durante muito tempo, por exemplo, certas regiões da Europa comemoravam o início do ano em finais de março ou 1º de abril. No início da Idade Moderna, boa parte dos países transferiu a comemoração para janeiro, e quem continuou celebrando em abril passou a ser alvo de piadas e brincadeiras – daí o "dia da mentira" (*April fools*, em inglês) ser nessa data.

Os microrrituais do tempo cotidiano

Os ritmos sociais de interação são demarcados pelo tempo de maneiras nem sempre visíveis. A maior parte dos rituais de saudação, por exemplo, fazem referência ao momento do dia ("bom dia", "boa tarde", "boa noite") em que a pessoa se encontra: culturalmente, desejamos que aquele período seja particularmente bom.

Não existe nenhuma razão específica para escolhermos o momento do dia como um marcador do início de uma relação: podemos, como alternativa, escolher uma infinidade de outras maneiras de cumprimentar, como "salve" ou "e aí?" O fato de optarmos por um marcador temporal revela a necessidade de situarmos nossa ação, e da outra pessoa, no tempo em que ela acontece. Esse ponto mostra o cumprimento não apenas como um ritual, mas também como forma de orientação a respeito do reconhecimento recíproco do tempo no qual se está e quais são – ou eram, em outras épocas – as interações possíveis.

O encerramento de um período implica também o fechamento de um ciclo, bem como sua duração. Se, ao encontrar uma pessoa no trabalho, digo "bom dia", sei que a repetição desse cumprimento deve esperar um ciclo de 24h – seria estranho, ao reencontrar a pessoa minutos depois, dizer novamente "bom dia" para reiniciar a conversa. A organização social do tempo significa também mostrar sua proximidade com as ações que esperamos uns dos outros.

Talvez você já tenha experimentado a sensação de errar o momento do ciclo diário no qual se está. Por exemplo, dizer "bom dia" e a pessoa responder que "já é boa tarde". Isso pode, em sua microescala, revelar qual é o critério utilizado para a definição do tempo daquela interação: oficialmente, a "tarde" começa ao meio-dia. Mas meio-dia também é "hora do almoço": daí uma expressão relativamente comum para definir o início da tarde seja o fato da pessoa ter almoçado ou não ("ainda não almocei, então é 'bom dia'").

Até os rituais cotidianos mais simples são organizados ao redor do tempo. Nem sempre o tempo do relógio, mas de acordo com a maneira de cada cultura dividir os momentos do dia. Não existe, por exemplo, uma definição oficial de "hora do almoço", mas espera-se que ela comece por volta de meio-dia. Nada impede de começar 11h30, mas almoçar 10h30 poderia soar estranho em alguns casos.

Mas até que momento do dia ainda é "hora do almoço"? Ela se estende indefinidamente durante a tarde? E a "hora do jantar"? Quando começa? O fato de usarmos atividades como marcadores de tempo sugere uma certa uniformidade, no âmbito das relações sociais, a respeito do que pode, ou não, ser feito em cada momento. Assim como o tempo define as microinterações cotidianas, ele também organiza a vida social em uma escala mais ampla, mostrando qual é o momento entendido como correto para uma determinada ação.

Existe também, nos rituais de tempo, uma expectativa de sincronia nas atividades realizadas em conjunto. Por exemplo, quando você sai para almoçar com amigos ou colegas, há uma espécie de acordo tácito a respeito do tempo para começar e terminar de comer.

Espera-se que exista uma certa coordenação de tempo entre as pessoas, todas mantendo um ritmo semelhante no ato de comer. Se alguém termina muito antes ou depois dos outros, a sensação geral pode ser de embaraço. No limite, a pessoa sente a necessidade de se justificar para diminuir o constrangimento ("estava com fome hoje!" ou "desculpem, eu como devagar"). Em alguns casos, a explicação da demora pode ser na forma de uma indicação do procedimento correto ("tem que comer devagar para aproveitar a comida").

Em uma reunião de trabalho, a aproximação do final pode ser vista na maneira como os participantes começam a se mexer nas cadeiras e olhar para seus relógios. Existe uma expectativa de que comentários e opiniões, nesse momento, sejam os mais breves possíveis, mantendo a sincronia da situação.

Mas poucas coisas revelam melhor esses microrrituais do cotidiano do que o final de uma aula. Especialmente se for a última antes da turma ir embora. É uma regra universal: faltando cinco minutos para o término da aula, quando todo mundo já está com o material fechado, não se faz perguntas complexas. Qualquer um pode tentar, sem problemas, mas há o risco de receber olhares ou mesmo comentários de reprovação ("êêê, olha a hora!").

O problema é que, como vimos em outros capítulos, a percepção do tempo varia de pessoa para pessoa. O período estimado para realizar uma atividade, por exemplo, para ir de um lugar a outro ou terminar uma tarefa, pode ser subestimado ou superestimado, conforme o caso. Ao lado de pessoas que parecem estar sempre com pressa, adiantadas em relação ao tempo, outras subestimam o tempo necessário para uma tarefa ou uma viagem, desafiando a sincronia e a coordenação das atividades.

Mais de uma vez, no ambiente corporativo, ouvi histórias sobre pessoas eternamente atrasadas que comprometeram ou colocaram a perder atividades importantes, de reuniões a voos internacionais. Em alguns casos, a solução do grupo foi adotar uma espécie de "fuso horário" exclusivo para a pessoa, informando o começo de alguma atividade antes do previsto para o início real.

O tempo talvez não seja o primeiro aspecto que vem à mente quando pensamos nas relações sociais, especialmente aquelas mais comuns, em nosso cotidiano. No entanto, reconhecer a escala de tempo como um padrão nas nossas relações poderia nos ajudar a compreender nossa organização – e, quem sabe, evitar uma fonte de conflitos.

Vamos esperar mais cinco minutos?

Cada cultura tem sua própria maneira de lidar com o tempo, sua passagem e suas divisões. Isso não vale só para os calendários, feriados e datas comemorativas, mas também para as atividades mais cotidianas. Formada na relação entre as pessoas, a cultura é o ambiente no qual vivemos, em todos os seus aspectos práticos, simbólicos e materiais. E o tempo, evidentemente, não escapa disso.

A tolerância ao atraso e a exigência de pontualidade, por exemplo, varia de acordo com cada cultura – e também de acordo com cada situação, sem dúvida. Seria difícil generalizar e dizer que um país ou um grupo é mais "pontual" ou "rigoroso" do que outro – por exemplo, dizer que os britânicos seriam mais pontuais do que outros povos, ou que brasileiros têm maior tolerância a atrasos. Isso, evidentemente, pode variar ao infinito de acordo com as situações.

No entanto, existem característica em comum, pistas para entender nossa visão do tempo como sociedade. Nosso comportamento em relação à pontualidade/atrasos pode ser revelador. Não é impossível, em algumas situações, atrasar o início das atividades para esperar eventuais atrasados ("vamos esperar mais cinco minutos e a gente começa"). Nem sempre se espera que uma atividade marcada, digamos, para acontecer das 19h às 22h respeite rigorosamente esses limites – em muitos casos, ninguém ficaria muito abalado de começar às 19:10h e terminar às 21:45h ou às 22:10h. Essa margem, no entanto, não é a mesma para todas as culturas – quando existe.

Para algumas, o horário indicado para uma atividade é exato, e não deve ser desrespeitado; em outras, a hora marcada é sempre um "por volta de...", com maior ou menor flexibilidade. A importância ritual do tempo se reveste, aqui, de outra importância: o respeito à sua passagem é uma das principais características de qualquer grupo, e pertencer a ele significa conhecer – e aplicar – isso.

Tempos e épocas

Nem sempre utilizamos a rigidez de dias e meses para definir um momento. Em alguns casos, usamos outras escalas para caracterizar um período menos definido, como em "época do Carnaval", "final de ano" ou "época do Natal". Esses feriados têm data, mas não se restringem a esse dia. Ao contrário, começam antes, com um tempo anterior de preparação, e podem reverberar durante algum período depois de seu término.

Isso fica evidente, por exemplo, se tomarmos as divisões de tempo dos calendários religiosos: eles se organizam em torno dos eventos que aconteceram uma única vez, mas são retomados todos os anos em dias especiais. Eles se destacam dos outros por serem qualitativamente diferentes: estão ligados ao momento em que um determinado evento ocorreu, e compartilham algumas das características dessa data.

Para uma pessoa católica, o tempo segue o chamado Ano Litúrgico, dividido a partir das duas principais comemorações da Igreja: a Páscoa e o Natal. Muçulmanos têm o mês sagrado de Ramadã, enquanto a comunidade judaica celebra o Pessach e o Yom Kippur como datas importantes de seu calendário. Na perspectiva astrológica, a divisão não segue a perspectiva dos meses comuns, mas obedece à sucessão dos signos.

E isso acontece fora das religiões também.

A final de um campeonato de futebol costuma ser bastante antecipada: dias antes, torcedoras e torcedores conversam a respeito, fazem suas análises e perspectivas para o jogo, preparam-se para torcer e organizar para assistirem juntos.

Você também tem uma divisão pessoal de tempo, na qual registra, digamos, os aniversários – pelo menos o seu, de seu namorado, de namoro, de casamento, de trabalho na empresa.

Não existe uma definição exata de quando começa uma "época". É uma marcação de tempo muito mais fluida em relação à rigidez do relógio. Espera-se que esses dias sejam especiais, ainda que só em escala pessoal. Precisamos dessas divisões do tempo para recordar alguns dos significados mais importantes para nós, ao redor dos quais estruturamos o resto do ano.

Sempre fiquei na dúvida a partir de quando podemos desejar "bom final de ano" para alguém. Quando eu era criança, começava a fazer isso quando os panetones chegavam aos supermercados, nos primeiros dias de dezembro. Nos últimos anos, no entanto, essa chegada tem acontecido cada vez mais cedo, e se eu for seguir essa regra vou começar a dizer "Feliz Natal" em meados de setembro.

O tempo e os interditos sociais

Uma das principais características dos usos sociais do tempo é a delimitação do que pode ou não ser feito em cada época ou momento – ou seja, os *interditos* de cada momento. Interditos são proibições ou restrições simbólicas, ligadas a algum tipo de crença mais profunda, compartilhada por todas as pessoas de um determinado grupo.

Evidentemente, não existiria nenhuma finalidade "prática" nos interditos de um grupo: vistos de fora, eles poderiam não fazer sentido. Seu significado está no fato de que ele é definido pelo grupo, e respeitá-lo é uma das condições para ser parte de uma comunidade.

Alguns exemplos podem vir novamente do âmbito da religião. Para algumas crenças e denominações, existem períodos do ano ou da semana nos quais certas atividades são interditadas, e essa proibição tem um caráter simbólico – por exemplo, não realizar atividades durante um dia da semana, não comer certos alimentos durante um período do ano ou antes de uma determinada celebração. Respeitar esses momentos é uma demonstração do grau de integração de um indivíduo com sua comunidade. De maneira inversa, deixar de praticar esses rituais do tempo é um indício de que a pessoa está se afastando do grupo.

Vários exemplos desses interditos do tempo aparecem em pequenas atitudes cotidianas.

Ao brindar, por exemplo, as pessoas devem aguardar o final da evocação ("saúde!", do latim *salus*, ligado também à "salvação" e "passar bem": brindar é desejar a felicidade da outra pessoa) antes de beber, mas precisam fazer isso imediatamente após essas palavras. Em uma festa de aniversário, só se pode comer o bolo ou pegar os brigadeiros e doces da mesa depois da canção de parabéns. O noivo não pode ver a noiva antes do casamento quando ela já está com o vestido.

Em um almoço formal, deve-se esperar que todas as pessoas estejam servidas e alguém mais autorizado diga "bom apetite": não se deve avançar e comer antes dessa sinalização. Embora triviais, essas atitudes revelam os interditos em alguns momentos específicos do tempo. Desrespeitá-las significa atrair para si algum tipo de punição – no mínimo, vão te olhar feio; no limite, você é expulso do grupo. (Embora não existam registros de alguém expulso de um aniversário por roubar um brigadeiro antes dos parabéns.)

Uma das características dos interditos relacionados ao tempo é seu caráter simbólico. Trata-se da proibição compartilhada de fazer uma atividade. Romper com isso é questão de escolha sobre a qual grupo se pertence: ao desrespeitar um interdito temporal, a pessoa deixa de lado toda uma visão de mundo relacionada ao significado de não fazer alguma coisa.

Os interditos circulam ao nosso redor como um dos marcadores simbólicos de nossas atividades, demarcando o lugar de cada uma delas no tempo.

Aliás, nos tempos.

Felizes para sempre?

Os rituais do tempo mostram os ciclos nos quais vivemos. Só em um exercício de imaginação conseguiríamos eliminar essas passagens. Para compreender o sentido de algo imutável precisamos recorrer à imaginação, na forma de mitos e histórias, que nos falam de seres ou lugares existentes fora dessa dimensão. Lugares onde o tempo é eterno, onde criaturas vivem para sempre, desde sempre.

É relativamente fácil porque raramente pensamos nessa ideia para além de uma metáfora ou de uma imagem bonita: no final dos contos de fada, ou dos filmes românticos, eles viveram "felizes para sempre". Você sai do cinema feliz com a imagem do casal unido, depois de superar todos os desafios, com toda a eternidade pela frente.

"Felizes para sempre."

O instante eterno de felicidade, o casal no final do filme, só dura porque é interrompido pelo final. É uma sorte imensa que a gente não saiba o que acontece no dia seguinte. Isso arruinaria o sentido de eternidade provocado pelo final feliz: eles seriam colocados de volta na linha do tempo, teriam de lidar com o fato de que as coisas seguem seu fluxo, as estações vão se suceder e ambos vão caminhar rumo à finitude. Nada existe fora do tempo, e o encerramento do filme apenas suspende a ação, deixando uma lacuna a ser preenchida pela imaginação. Desculpe se estou acabando com algum sonho de infância, mas o "felizes para sempre", no final do filme, tem data de validade – o dia seguinte.

Supondo que seja um casal na faixa dos 20 anos: "Para sempre", na melhor das hipóteses, significa setenta, oitenta anos. Para completar, a ideia de "felicidade" também muda ao longo do tempo: o que faz uma pessoa feliz aos vinte pode ser insuportavelmente entediante aos 40. Existir no tempo significa estar sujeito à mudança: tudo o que existe dentro do tempo vai mudar.

Vemos isso, por exemplo, nas continuações de um filme: o primeiro passo, logo no começo, é dar um jeito de destruir a felicidade prometida ou esboçada no final do anterior e trazer novos problemas para a trama, sem os quais não existe ação. E isso não vale só para histórias de final feliz: toda ideia de "final", na verdade, presume que você aceite uma interrupção artificial do tempo, quando há uma suspensão dos acontecimentos.

Até a história mais romântica perderia muito se lembrássemos de sua vinculação ao tempo. Para citar apenas um caso, e sem final feliz, pense em outro desfecho para a tragédia *Romeu e Julieta*, de Shakespeare: podemos especular como seria a vida de casados deles vinte anos depois, ainda morando em Verona, com filhos para criar, contas para pagar e as preocupações cotidianas, sem falar nas festas de família – imagine reunir Capuletos e Montecchios todo Natal.

As divisões rituais do tempo

Talvez uma das maiores ilusões compartilhadas em relação ao tempo seja a noção, bastante difundida, de que vivemos no mesmo tempo. Sim, pela data do calendário, estamos todos no mesmo dia e, em termos relativos, até a mesma hora, adaptada de acordo com o meridiano de Greenwich. (Como este livro é escrito no Brasil, onde há quatro fusos horários, estaríamos, no máximo a 4h de distância uns dos outros.) Isso significa dizer que seguimos o mesmo horário, mas esse tempo não é o único que existe.

Os antigos gregos tinham três grandes divisões para nomear o tempo. Mais do que uma diferença de nome, essas divisões também dizem alguma coisa sobre a natureza de cada tempo e, mais ainda, de nossa experiência a respeito dele. Eles percebiam, já naquela época, que nem tudo poderia ser reduzido à visão matemática do tempo. Por isso, criaram outras denominações para designar escalas diferentes.

A noção mais simples e comum do tempo utilizada pelos antigos gregos era a ideia de *cronos*, ou o chamado "tempo cronológico". É o tempo do relógio e dos calendários, esse no qual pautamos todas as nossas atividades do cotidiano. É também a concepção de nossas ações diárias, das vivências que se inscrevem na marcação e na passagem contínua dos momentos.

O tempo da natureza é cronológico, baseado na repetição aparentemente infinita de ciclos, mudanças e transformações que retornam periodicamente, mostrando uma curiosa unidade. Não por acaso, na mitologia Grega, Cronos, o deus do tempo, era também o protetor das colheitas: a alternância das estações marcava o ritmo do tempo, assim como a sucessão de dias e noites. Esse tempo, que podia ser medido, era o tempo de Cronos, o tempo cronológico.

Além disso, Cronos era também associado à velhice, à passagem do tempo e, mais tarde, ao planeta Saturno. Naquela época, era o planeta mais distante conhecido, e com o maior período orbital, de 28 anos. A duração de sua órbita era associada aos longos períodos da vida, de onde vem sua ligação com o envelhecimento.

O tempo cronológico, por acompanhar ciclos mais ou menos regulares, podia ser medido com relativa facilidade, sendo dividido em unidades pequenas que, combinadas, resultariam em escalas maiores. A combinação de segundos e minutos, por exemplo, se expande até se transformar em anos e séculos. Vem daí, aliás, nossas palavras "cronologia" e "cronômetro".

Uma segunda noção, mais complexa, era a ideia de *kairós*, o "tempo certo" para as coisas acontecerem. Ao contrário do tempo cronológico, pautado em medidas, ciclos e repetições, o *kairós* é o instante no qual as circunstâncias certas se combinam para que algo possa acontecer. (Frases como "as coisas acontecem na hora certa", "para tudo existe um momento oportuno" ou "não era para ser naquele momento" revelam isso.)

Enquanto *cronos* está associado a um tempo físico, compartilhado e, de certa maneira, objetivo, *kairós* é o tempo da oportunidade, do inesperado e do acaso. Há algo de imprevisível no *kairós* pelo fato de ele não se repetir: perdida uma oportunidade, ninguém sabe quando (e se) haverá outra. Daí o *kairós* ser um tempo misterioso, pouco visível, que só consegue ser vislumbrado quando aparece. Quando dizemos que "tudo está conspirando a nosso favor", estamos vivendo o momento do *kairós* – e aproveite, porque ele desaparece rápido.

Aion, o terceiro conceito grego de tempo, é ainda mais difícil de entender do ponto de vista de nossas limitações. Refere-se a algo como "o tempo fora do tempo" ou, em termos mais simples, à ideia de eternidade. Com a noção de *aion* nos despedimos de vez da medida humana do tempo. Se a medida de *cronos* é familiar, e podemos entender a noção de *kairós*, com *aion* atingimos uma escala de tempo muito diferente. Não pelo seu tamanho: afinal, podemos falar em "bilhões de anos" e ainda estaríamos no tempo cronológico. A mudança principal na concepção de tempo em relação a *aion* diz respeito à natureza do tempo.

O *aion* é um tempo além da consciência humana e da própria natureza, e existe como representação daquilo que não pode ser medido – de certa maneira, *aion* é o tempo fora de escala, ou, paradoxalmente, um "tempo atemporal", distante de nossas vivências cotidianas. Tempo da eternidade, *aion* é também uma representação da imobilidade: se o movimento traz mudanças, e mudanças, marcam a passagem do tempo, a eternidade só poderia ser pensada também como imobilidade absoluta, na qual não existem acontecimentos. Por exemplo, até hoje a ciência não recua para além do *Big Bang*, a grande explosão que deu origem ao Universo conhecido.

As medidas gregas para pensar o tempo mostram um aspecto curioso de nossa relação com ele: podemos viver, simultaneamente, em mais de um tempo, compartilhando seu aspecto cronológico, mas em completo desacordo em relação ao *kairós* e sem perceber a existência de um tempo da eternidade, *aion*.

Essas questões podem ser vistas de maneira muito mais próxima, quando esses problemas aterrissam em nosso cotidiano.

Os rituais coletivos do tempo

Rituais mostram a experiência social do tempo, a maneira como ele pauta as interações entre instituições, as dinâmicas dos grupos e até as relações interpessoais. E ajudam a compreender como o tempo é definido a partir das interações sociais, das instituições, dos conflitos e relações de poder existentes em uma sociedade.

A força do tempo sobre nossas atitudes, comportamentos e ideias é muito, muito intensa. O tempo, na sociedade, é o resultado do vínculo existente entre as pessoas, maior do que cada indivíduo. Do ponto de vista dos relógios e calendários, o tempo tal como o conhecemos é uma invenção humana.

"Mas se o tempo é uma invenção", você pode perguntar, "posso deixar de pagar minhas contas no prazo?" Não: exatamente porque o tempo é uma invenção da sociedade, deixar de obedecer a datas, prazos e calendários significa receber algum tipo de punição. A maior parte da matéria é feita de nada, mas isso não resolve meu problema quando entro em um ônibus lotado.

O tempo é possivelmente a mais forte das instituições sociais. No limite, podemos romper com todas as outras, mas não temos como escapar da continuidade do tempo. Viver em sociedade é acompanhar suas divisões do tempo em períodos, responder às suas datas, acompanhar a linearidade dos acontecimentos. Enquanto vivermos em sociedade estamos imersos em calendários, datas, épocas e períodos. Precisamos saber que dia é hoje, lidar com prazos e trabalhar de acordo com as medidas vigentes do tempo.

A percepção do tempo é individual, certo, mas para viver com os outros precisamos encontrar alguns pontos em comum. Não posso chegar às 17h em uma reunião marcada para 14h e dizer "Lamento, minha consciência do tempo é diferente, aprendam a lidar com isso". O tempo "duas horas da tarde" é igualmente válido para todas as pessoas vivendo em um mesmo lugar, ainda que a percepção de cada uma seja diferente.

Do ponto de vista social, fazemos um esforço constante para lidar com o mesmo tempo, traduzido em horários, datas e calendários socialmente compartilhados. Se você perguntar para alguém "que dia é hoje?", ou estiver lendo em um *tablet* e olhar para o marcador de data, vai encontrar uma resposta válida para mais de sete bilhões de pessoas.

Todos os seres humanos da Terra compartilham a data de hoje e, dentro de sua localização, o horário de cada região. Isso, aliás, tem uma razão histórica.

Do século XV ao XIX, os colonizadores europeus expandiram essa noção para as regiões dominadas, eliminando outras formas de contar o tempo, mais próximas da realidade e da cultura de cada povo. As maneiras ocidentais de entender e dividir o tempo, bem como o ritmo das atividades, se tornam dominantes. E, junto com os tempos locais, vai embora também uma maneira de ver a realidade.

Em seu livro *Sociologia de la imagem*, a pesquisadora boliviana Sílvia Rivera mostra como esses tempos diferentes conviveram no imaginário dos países latino-americanos, em um contraste entre ritmos de vida diferentes – um pautado estritamente no controle do tempo, outro na vivência das atividades realizadas. Cada cultura define suas próprias maneiras de lidar com o tempo, criando suas convenções e ideias relativas a isso.

Daí a respeitar essas convenções é um outro passo.

O tempo é socialmente construído, mas temos percepções individuais dele. Se você tem uma reunião às 14h, para manter o exemplo, o compromisso é estar lá nesse horário. Mas não diz nada a respeito de como você pode lidar com o horário – se vai chegar antes, em cima da hora ou atrasado.

Não por acaso, uma fonte potencial de conflitos entre pessoas são essas diferenças na percepção do tempo. Por exemplo, em um casal, se um dos dois gosta de sair para um compromisso com toda a antecedência possível e a outra pessoa prefere sair muito mais perto do horário. Não existe, evidentemente, certo e errado nisso, mas uma divergência na percepção do tempo que interfere diretamente na interação entre os dois. As noções de "cedo" e "tarde", nesse ponto, são relativas, e dependem, como referência, da natureza do compromisso.

Nas interações sociais, o tempo é uma convenção, resultado de regras e normas pautadas pelos valores – e pelas relações de poder – em circulação. Nada impede você de sair em cima da hora e chegar atrasado em uma reunião de trabalho, mas dificilmente isso vai passar despercebido.

Rituais são um marcador fundamental do tempo social.

Ao que tudo indica, a expressão "tempo social" foi utilizada inicialmente no livro *Sobre o tempo*, do sociólogo alemão Norbert Elias, para caracterizar a relação que nós, como sociedade, criamos com o tempo. O tempo social não é nem o tempo físico, objetivo, e impossível de ser percebido pelos seres humanos, sem o tempo subjetivo, da nossa consciência.

O tempo social é criado na *interação* entre as pessoas, nas convenções e regras criadas para, literalmente, acertar os ponteiros de todo mundo. Mantemos esse tempo a partir dos rituais coletivos, dos mais simples, como dizer "bom dia", aos mais complexos, como as celebrações periódicas.

Embora Elias não tenha falado diretamente em rituais do tempo, em *Sobre o tempo* ele mostra como nossa percepção de sua passagem acontece de acordo com os marcadores que nós, como sociedade, estabelecemos – por exemplo, nossas festas e celebrações, mas também os horários estipulados para nossos compromissos.

Ao final de cada dia somos uma pessoa diferente. Trazemos em nós as experiências daquele período, desde o momento em que acordamos até a hora de ir dormir novamente. Talvez nem todas as experiências tenham sido marcantes, e nem todo dia é memorável. Mas algumas das grandes transformações acontecem justamente nessa experiência acumulada.

Assim como não vemos mudanças todos os dias quando nos olhamos no espelho, também não percebemos a importância de cada uma dessas experiências em nós. Elas estão lá, assim como o tempo que passa. Por isso, cada segundo é importante – e vale, por isso mesmo, tentar vivê-los no tempo certo.

Conclusão

Alternativas para mudar?

O tempo, como a gente, é vulnerável,
mas impermanente.
Daniela Altmayer. *O amor errado mais certo do mundo*, p. 35.

"Não servimos *fast food*. Servimos comida boa (*good food*), o mais rápido que conseguimos." Essa frase estava escrita em uma das paredes do Earlham Park Café, uma simpática lanchonete no meio de um parque perto da Universidade de East Anglia, em Norwich, Inglaterra. A referência óbvia era às redes de *fast food* da cidade, que talvez atraíssem mais a atenção dos estudantes do que um café no parque. (Outro aviso no Café dizia que "cachorros são bem-vindos desde que seus humanos sejam bem comportados", o que dá uma ideia do senso de humor do dono.)

Extrapolando um pouco o alcance da frase, podemos ver essa atitude como uma reação contra a necessidade de colocar pressa em tudo. Para ir até o Café você precisava atravessar o parque, andar pelo meio das árvores, geralmente desviando do vento gelado (embora no verão a temperatura subisse a 25°). Lá dentro, para esperar a comida, nada de wi-fi. Era, rigorosamente, um tempo *livre*. Não só no sentido de "descansar" ou "não fazer nada", mas livre de pressa, das infinitas demandas por atenção. Esse tempo lento, hoje, talvez seja o elemento mais precioso que existe.

Tostadeiras estão mais rápidas do que antigamente. Geladeiras têm sistemas de congelamento rápido para comidas e bebidas. Elevadores têm um botão "Fechar Portas" para quem não aguenta esperar outros 5s. Ao que parece, aliás, não conseguimos esperar mais nada. Quem afirma isso é James Gleick, em um artigo para o jornal britânico *The Guardian*. O texto é de setembro de 2000, mas continua atual. Naquela virada de século, assim como hoje, cada segundo conta.

Uma sociedade da aceleração é também uma sociedade instantânea. Talvez o conceito de *fast food*, décadas atrás, tenha sido uma primeira antecipação disso, seguido por diversos outros recursos que tornaram a vida mais prática, com uma consequente economia de tempo – para quem tem acesso a isso, vale lembrar.

Nossa espécie parece ter uma curiosa rebeldia em relação ao fato de estarmos inseridos no tempo. Queremos, de todas as maneiras, compreender esse fluxo que nos atravessa e no qual estamos inseridos, ainda que seja preciso utilizar tantos recursos da imaginação quanto a razão e a técnica. Sentimos o tempo, mas isso não parece ser o suficiente: desde muito cedo nós tentamos domesticar o tempo, assim como fizemos com o fogo, com as plantas e os animais.

Poucas coisas mostram de maneira mais nítida as desigualdades de uma sociedade do que a distribuição social do tempo. Não apenas na quantidade de tempo que cada pessoa ou grupo tem para fazer suas coisas, mas na qualidade desses momentos.

O tempo é o bem mais precioso que temos, e seu valor infinito decorre de um simples fato: ele é a única coisa realmente insubstituível. Nada é equivalente ao tempo. Um instante perdido não pode ser recuperado nunca mais. Seu valor não pode ser medido. Por isso, o tempo resiste a todas as tentativas de ser apropriado. E tentativas não faltam.

Na sociedade contemporânea, o tempo é mostrado de duas maneiras principais. De um lado, como produção, respondendo a infinitas demandas piscando na tela dos *smartphones* e em uma jornada de trabalho que ocupa cada vez mais horas do dia. De outro, como produto a ser consumido em relações cada vez mais rápidas, até na obrigação de se divertir nos momentos certos. O resultado, nos dois casos, é a sensação de que estamos sem tempo para nada, trabalhando cada vez mais para produzir cada vez menos. E infinitamente cansados.

Devagar?

Nas últimas décadas, em vários lugares, movimentos que propõem outros usos do tempo vêm ganhando destaque. Ao que parece, uma das primeiras frentes de ação foi o chamado *slow food*, reação direta ao *fast food*. A proposta era pensar na comida, da produção ao ato de comer, em um ritmo mais próximo do compasso do corpo. Vários outros movimentos *slow* proliferaram desde então, sugerindo alternativas para pensar a aceleração. Em termos mais incisivos, existe um que sugere o simples ato de dormir como forma de resistência ao ritmo contemporâneo. Esse "sono de vingança" (*revenge sleep*) propõe que o sono pode ser pensado como valorização de uma outra forma de viver.

"Mas como desacelerar se ficam me cobrando sem parar? Legal, mas não posso simplesmente parar", você pode dizer.

Questão justa, sem dúvida. Por isso mesmo, a mudança não é no cenário individual. Dessa forma não há como apresentar uma lista perfeita e universal de procedimentos. Mas existem algumas estratégias para isso.

Alternativas realistas: o nível micro

Ao longo de mais de duas décadas no mundo corporativo e acadêmico, vi muitas vezes um ciclo de emoções negativas geradas por problemas nos usos do tempo.

Em quase todos os casos, os problemas começavam com uma avaliação irrealista da quantidade de coisas que seria possível fazer. A pessoa assume muita coisa, seja por pressão de colegas ou superiores, seja por motivos seus. No primeiro caso, o problema está na cultura da organização, e é mais difícil mudar; outras vezes, mesmo sem essa cobrança, a pessoa estabelece metas impossíveis de cumprir.

No passo seguinte ela toma consciência do tamanho da tarefa, e isso a assusta. Em vez de rever metas e hierarquizar prioridades, desvia do assunto, deixando a atividade para depois ou interrompendo frequentemente o que está fazendo para ver coisas de menor importância. (A palavra "procrastinar" tem como raiz a expressão *cras*, "amanhã" em latim: literalmente, "deixar para amanhã".)

Logo começa a se sentir ansiosa para dar conta de tudo, ainda com a esperança de terminar. No entanto, como desde o começo as atividades eram superiores ao que conseguiria fazer, essa ansiedade não se resolve.

A certa altura, a pessoa nota que não vai dar conta do recado. O prazo está muito perto, a data vai vencer. O resultado é uma frustração diante da tarefa não cumprida, às vezes acompanhada de um contínuo reexame da situação para ver "onde deu errado". Em algumas situações, esse momento de frustração é também a busca por um culpado – e isso pode resultar tanto em atritos com colegas e familiares quanto em uma autoacusação.

O ciclo se fecha com a chegada de uma sensação de fracasso. Em uma espécie de profecia que se autorrealiza, a pessoa se sente péssima, e duvida de sua capacidade, por não fazer o que, desde o começo, era impossível de ser feito.

O ciclo negativo do uso social do tempo

Demanda irrealista	**Protelar**	**Ansiedade**	**Frustração**	**Fracasso**
1) Por pressão. 2) Por avaliação errada da atividade.	Diante da percepção do tamanho da atividade.	Ao tentar dar conta da tarefa em um prazo impossível.	Quando percebe que a atividade não será realizada.	Visão negativa de si mesmo; interiorização da culpa.

A boa notícia é que também acompanhei, nesses ambientes, pessoas e equipes nas quais as atividades eram realizadas dentro dos prazos e sem grande estresse. (Isso quando o ambiente permitia: não existe fórmula mágica para os usos sociais do tempo.)

Esse tipo de uso do tempo começa com uma avaliação realista do que pode ser feito em cada etapa.

Como professor e orientador de pesquisas, alguns dos trabalhos mais bem-feitos que já orientei foram de pessoas conscientes de quanto tempo teriam para estudar. Não adianta mirar a nota 10 se você só tem tempo para realizar um trabalho nota 8. (Isso tem a ver com o tempo, não com capacidade, mas é fácil misturar as coisas.) Às vezes, focalizando no dez, não conseguimos nem dar conta de entregar no prazo.

O ciclo realista começa com uma avaliação do que é possível fazer no tempo disponível. Isso significa contar com imprevistos, levar em conta o cansaço, as demandas pessoais e familiares.

A segunda etapa é colocar as coisas em uma ordem de importância. Mesmo quando nos apresentam todas as atividades como "urgentes" e "para ontem", só conseguimos fazer uma por vez. Começar várias ou todas é quase uma receita para não terminar nenhuma. Hierarquizar as atividades é encaminhar uma antes de começar outra.

O passo seguinte é concentrar o foco na tarefa durante o tempo estipulado, procurando ficar longe de qualquer outra distração. Isso varia de pessoa para pessoa. Anos atrás, na reta final do doutorado, um amigo se isolou por um mês em um chalé nos alpes suíços para terminar sua tese; a maior parte das pessoas se limita a colocar o celular no modo "não perturbe" por um tempo. Seja qual for seu estilo, 1min de concentração é melhor do que algumas horas dispersas.

Respeitar o prazo e fazer o melhor dentro do tempo é o passo seguinte: um resultado bom entregue no prazo ajuda mais do que algo ótimo, mas atrasado, ou que não fica pronto nunca. Conheci pessoas de alta qualificação que, mesmo com os prazos terminando, nunca estavam satisfeitos com o resultado de seu trabalho. Às vezes isso se traduzia em atrasos ou em pedidos de prorrogação. Em vários casos o trabalho estava muito bom – mas a pessoa queria o ótimo.

O ciclo realista do uso social do tempo			
Demanda	**Ordem de atividades**	**Foco e concentração**	**Respeitar o prazo**
Avaliar o quanto é possível fazer dentro do tempo disponível.	Estabelecer uma hierarquia para as atividades.	Distrações e interrupções aumentam o tempo de uma atividade.	Mirar o bom dentro do prazo; sobrando tempo, procurar o ótimo.

E não custa lembrar: não existe fórmula. O tempo é construído na relação entre as pessoas, e entender o tempo do outro, seus ritmos, demandas e limites é uma maneira de cultivar uma convivência melhor. Vivemos em ritmos diferentes, e saber quais são os ritmos dos outros é uma opção para coordenar atividades conjuntas. Viver o tempo em sociedade é também pensar na administração comum de um bem altamente individual.

O cuidado com o tempo

Compreender o tempo ajuda a conhecer melhor as condições de vida contemporânea, entender como a aceleração de todos os setores da vida está nos deixando ansiosos, cansados e, no limite, doentes. E como podemos, juntas e juntos, refletir para transformar essa situação.

Não é você que precisa desacelerar, somos nós, como sociedade. A relação custo-benefício não fecha: não há crescimento real às custas da saúde, física e mental, das pessoas. E a extensão infinita das atividades não significa conseguir resolvê-las. A mudança social é sempre lenta e difícil, mas possível.

O processo de aceleração foi inventado por seres humanos, pode ser transformado por nós também. Temos medo de parar, de dar um intervalo, de tirar uma folga porque, enquanto estamos fazendo isso, as coisas continuam acontecendo. Seus colegas continuam trabalhando, enviando solicitações, pedindo informações ("desculpa te escrever nas férias, mas..." ou "eu sei que é domingo à noite, mas...").

Por que isso acontece? Porque seu colega está trabalhando. E quando ele tirar férias, você estará trabalhando. Se sua empresa ou negócio tirar férias, as outras seguem, e a sua ficou para trás.

Mas e se todo mundo resolvesse usar melhor o tempo?

Por exemplo, se todos concordarmos em *não* enviar mensagens sobre trabalho nas madrugadas, vamos todos dormir melhor. "Ah, mas é difícil mudar isso." É verdade. Transformações sociais podem ser lentas. Mas são possíveis.

Dizer que algo "é assim mesmo" ou "é natural" costuma ser uma maneira de dispensar qualquer tentativa de mudança. Por isso, desnaturalizar os usos sociais do tempo é um ponto de partida para melhorar nossa relação com ele. Pode ser difícil, porque estamos nos acostumando com essa situação a ponto de, talvez, considerá-la "normal". Mas muitas coisas das quais nos envergonhamos hoje (a discriminação de gênero, a segregação racial, a "caça às bruxas" na Idade Moderna, a escravização de milhões de pessoas) foram "naturais" e "inevitáveis" um dia.

Depois de percorrer toda a jornada do livro, as alternativas do começo se desdobram em outras, acrescentando o que vimos. Por isso, vale pensar juntos nessas nove propostas para cuidar do tempo:

Nove propostas para cuidar do tempo	
Boa parte do seu tempo não é seu: mantenha o controle do resto.	Não há como assumir totalmente o controle do nosso tempo: há o horário do trabalho e do cuidado com os outros. A questão é usar com sabedoria o que temos.
Recuperar a ordem de importância das coisas: nem tudo é urgente.	Quando tudo é para ontem, não conseguimos mais estabelecer uma ordem para fazer as coisas. O resultado é não dar conta de nada.
Deixar de glamourizar o excesso de trabalho.	Muito da nossa vida é definido pelo trabalho, mas não *somos* a profissão. Estresse contínuo não significa produtividade; pode ser sintoma de algo grave.
Definir um limite de horário para o envio de mensagens.	Pode ser difícil mudar essa cultura, mas podemos começar evitando mandar mensagens em períodos de descanso, nosso e dos outros.
Respeitar os momentos de descanso.	Além de ser um direito, são fundamentais para a saúde física e mental. Dedicação, para ser produtiva, também precisa de limites.
Respeitar os ciclos do corpo, porque dinheiro não recupera a saúde.	O tempo do corpo é único e nos lembra de nossos ciclos naturais. Quando esse ritmo é constantemente quebrado, as consequências não demoram a aparecer.
1min concentrado > 1h dispersa.	Uma atividade que leva 1h, quando constantemente interrompida, pode demorar o dia todo.
Valorizar o tempo livre: lembrar que cada momento é importante.	Pensamos antes de gastar 1h, mas não vemos problema em olhar para o celular 1min. No final do dia pode resultar em um imenso tempo perdido.
Desacelerar não é demorar: mudar o ritmo não é deixar de fazer.	Por que estamos com tanta pressa? Além da pressa dos outros, quanto disso é nosso? Desacelerar é respeitar os ritmos: seu, do seu corpo e dos outros.

Por que ter esperança? Porque há mudanças em curso.

Em 2017, a França reconheceu o direito dos trabalhadores de se desconectar depois do horário de trabalho. Em 2019 foi a vez de Portugal aprovar uma resolução semelhante: funcionários não poderiam ser acionados, via mensagem, fora do expediente. No início de 2022 a Bélgica fez o mesmo em relação aos servidores públicos do país. O horário de trabalho ilimitado, com mensagens chegando a qualquer hora, não mostrou os resultados esperados – e o custo humano foi alto.

Talvez um dia a gente se lembre de nossa época como o momento quando percebemos que os custos do crescimento estavam muito altos, mais até do que qualquer benefício. Talvez já estejamos em um momento de aproveitar as inovações da tecnologia a nosso favor, cumprindo a promessa da Modernidade – trabalhar melhor, viver melhor e buscar, nesse tempo, a melhor transformação de cada uma e cada um de nós.

Retomar a vida do tempo

Sabe, sempre que posso me desligo das mídias digitais. De toda e qualquer informação. Desligo do tempo instantâneo para viver cada instante do tempo. Não é sempre possível, e nem todo mundo tem essa opção (outra indicação de como o tempo diz muito sobre a sociedade). Mas, quando posso, desconecto. Tento criar espaços no fluxo ininterrupto para aproveitar melhor cada tempo.

Mais de uma vez ouvi a pergunta: "Como você consegue? Como faço para me desconectar?" Não sei se tenho uma resposta, e não arriscaria o palpite. Apenas desligo. Questão de treino, talvez de costume ou geração. Às vezes vem alguma vontade de ver, olhar só um instante. Mas então lembro de olhar ao redor. O que há para ser visto? Como vou ver? O que meus olhos nunca viram desta paisagem, mesmo se for a mais conhecida de todas?

Uma boa parte de seu tempo não é seu. Você precisa trabalhar, cuidar da casa, de você mesmo e dos outros. Não sei se existe fórmula mágica para evitar que as contas cheguem no final do mês. O tempo para o trabalho e o cuidado já está definido.

A pergunta é o que fazemos com o tempo que resta. Esse tempo sobre o qual temos controle. A resposta talvez seja lembrar de atribuir aos acontecimentos uma ordem de importância. O que é prioridade no uso desse meu tempo? Vou reproduzir a lógica dos outros tempos? Ou posso tentar usá-lo de outra maneira, como um contraponto? Um tempo igualmente bem aproveitado, mas para vivê-lo.

Gostaria, por isso mesmo, de terminar do jeito que este livro começou. Com uma conversa entre Lucas e eu, quando ele tinha 6 anos.

Hora de dormir.

Tudo quieto, silêncio, só a lampadinha acesa.

História, cobertor, boa noite. Ou quase boa noite, porque faltou uma pergunta.

"Papai?"

"Fala, filhote."

"Por que as coisas mudam?"

Um instante pensando na resposta.

"Porque com o tempo tudo se transforma, filhote."

Outro instante. Olhar de interrogação dele.

"Pode destransformar?"

"Nem todas as coisas."

Mais um instante. Recebi um sorriso:

“Então vamos mudar mesmo, papai, que nem o dia e a noite, um depois do outro. Boa noite, papai.”

Boa noite, curiosidade. Não mude nunca.

Referências

1) Textos citados em cada capítulo

Introdução – Por que tanta pressa?

ENGELS, F. **A situação da classe trabalhadora na Inglaterra**. São Paulo: Global, 1988.

HARVEY, D. **A condição pós-moderna**. São Paulo: Loyola, 1997.

HOFFMAN, E. **Time**. Londres: Picador, 2009.

1 Quando o relógio conquistou o tempo – A virada da aceleração

APOLLO 11 flying journal. Disponível em https://history.nasa.gov/afj/ap11fj/01launch.html

ELIAS, N. **Sobre o tempo**. Rio de Janeiro: Zahar, 2011.

GALILEU. Ilha da Noruega quer banir conceito de "tempo" durante o verão. **Galileu**, 19/06/2019. Disponível em https://revistagalileu.globo.com/Sociedade/noticia/2019/06/ilha-da-noruega-quer-banir-conceito-de-tempo-durante-o-verao.html

HARVEY, D. **A condição pós-moderna**. São Paulo: Loyola, 1999.

LORNER, B.A.; GILL, L.A. Relojoeiros: análise de uma profissão em dois tempos. **Revista Taller,** v. 3, p. 38-55, 2014. Disponível em https://wp.ufpel.edu.br/ndh/files/2019/08/relojoeiros-revista--taller.pdf

SILVA, I.G.H. A reflexão sobre a passagem do tempo e suas representações no Renascimento – XXVI Simpósio Nacional de História – Anpuh. Campinas: **Anais...** Unicamp, 2011.

WAJCMAN, J. Life in the fast lane? – Towards a sociology of technology and time. **The British Journal of Sociology**, v. 59, n. 1, 2008, p. 59-76.

WEBER, M. **Economia e sociedade**. Brasília: Ed. UnB, 1991.

2 Como domesticamos o tempo

BRAUDEL, F. **Escritos sobre a História**. São Paulo: Perspectiva, 2016.

DURKHEIM, E. **As formas elementares da vida religiosa**. São Paulo: Martins Fontes, 1995.

ELIADE, M. **O sagrado e o profano**. São Paulo: Martins Fontes, 2005.

Le GOFF, J. **Para uma outra idade média**. Petrópolis: Vozes, 2018.

MILLER, C. BBC Breakfast forced to hold actual clock in corner of screen after graph breaks. **The Independent**, 26/07/2019. Disponível em https://www.independent.co.uk/news/media/bbc-breakfast-time-clock-graphic-charlie-stayt-naga-munchetty-a9022306.html

3 A mais valiosa das mercadorias

HOOKS, B. **Tudo sobre o amor**. São Paulo: Elefante, 2020.

LUFKIN, B. Why do we buy into the 'cult' of overwork? **BBC Worklife**, 09/05/2021. Disponível em https://www.bbc.com/worklife/article/20210507-why-we-glorify-the-cult-of-burnout-and-over work

MARX, K. **O capital**. São Paulo: Civilização Brasileira, 2004.

MARX, K.; ENGELS, F. **Manifesto do Partido Comunista**. Petrópolis: Vozes, 2006.

ROSA, H. **Aceleração**. São Paulo: Unesp, 2018.

4 Tempo é ~~dinheiro~~ poder – Atrasa quem pode, espera quem tem juízo

DaMATTA, R.; JUNQUEIRA, A. **Fila e democracia**. Rio de Janeiro: Record, 2017.

GOFFMANN, E. **A representação do eu na vida cotidiana**. Petrópolis: Vozes, 2015.

GOFFMAN, E. **Forms of talk**. Pensilvânia: UPP, 2018.

LAHAD, K. Singlehood, waiting, and the sociology of time. **Sociological Forum**, v. 27 (1), mar./2012, p. 163-186.

5 Você disse "tempo livre"?

ADORNO, T.W. Tempo livre. **Palavras e sinais**. Petrópolis: Vozes, 2000.

ADORNO, T.W.; HORKHEIMER, M. **Dialética do esclarecimento**. Rio de Janeiro: Zahar, 1997.

ALMONDES, K.M. Tempo na psicologia. **Psicologia, Ciência e Profissão**, v. 26, n. 3, 2006, p. 352-359.

ARAÚJO, T. et al. How much time do you spend online? **Communication Methods and Measures**, v. 11, n. 3, 2017, p. 173-190.

BBC BRASIL Brasileiro usa celular por um terço de seu tempo acordado. **BBC Brasil**, 13/01/2022. Disponível em https://www.bbc.com/portuguese/geral-59974046

BOURDIEU, P. **A distinção**. São Paulo: Zouk, 2010.

DUVIVIER, G. Daqui a gente vai para onde? **Folha de S. Paulo**, Ilustrada, 15/12/2014.

GALLAGHER, J. "Arrogance" of ignoring need for sleep. **BBC News**, 12/05/2014. Disponível em https://www.bbc.com/news/health-27286872

RAMOS, C.L.; FARIA, J.H. Impactos físicos e emocionais da extensão da jornada de trabalho na vida dos gestores – 37º Encontro da Anpad. Rio de Janeiro: **Anais...** 7-11/09/2013.

ZORZANELLI, R.; VIEIRA, I.; RUSSO, J.A. Diversos nomes para o cansaço. **Interface**, v. 56, n. 20, 2016, p. 77-88.

6 Como sentimos o tempo

BERGSON, H. **O pensamento e o movente**. São Paulo: Martins Fontes, 2006.

BERGSON, H. **A evolução criadora**. São Paulo: Martins Fontes, 2009.

KANT, E. **Crítica da razão pura**. Lisboa: Calouste Gulbekian, 2005.

LAPOUJADE, D. **Potências do tempo**. São Paulo: Ed. n-1, 2019.

RU, V. **Le temps, le plus commun des fictions**. Paris: PUF, 2018.

SANTOS, E.M. A aceleração do tempo e o declínio da experiência na contemporaneidade. **Impulso**, v. 28, n. 71, p. 95-104, jan.-abr../2018.

7 O tempo biográfico, o horror da passagem e a aceleração da vida

ARENDT, H. **A condição humana**. Rio de Janeiro: Forense, 2012.

ARFURCH, L. **O espaço biográfico**. Rio de Janeiro: Ed. UFRJ, 2019.

BOURDIEU, P. **Razões práticas**. Campinas: Papirus, 2010.

BUTLER, J. **Gender trouble**. Londres: Routledge, 2008.

CORRÊA, L.G. **Mães cuidam, pais brincam**. Belo Horizonte: UFMG, 2011 [Tese de doutorado].

CYRINO, R. Trabalho, temporalidade e representações de gênero. **Sociologias**, v. 11, n. 21, p. 66-92, jan.-jun./2009.

GOLDBERG, M. **Coroas**. Rio de Janeiro: Record, 2008.

HOOKS, B. **Tudo sobre o amor**. São Paulo: Elefante, 2020.

MBEMBE, A. **Crítica da razão negra**. Lisboa: Antígona, 2014.

MOTTA, A.B.; WELLER, W. A atualidade do conceito de geração na pesquisa sociológica. **Sociedade e Estado**, v. 25, n. 2, p. 175-184, mai.-ago./2010.

VIEIRA, A.; AMARAL, G. A arte de ser beija-flor na tripla jornada de trabalho da mulher. **Saúde & Sociedade**, v. 22, n. 2, p. 403-414, 2013.

ZART, P. **A dupla (ou múltipla) jornada de trabalho feminina e o princípio da igualdade.** Lajeado: Universidade do Vale do Taquari, 2019 [Trabalho de conclusão de curso].

8 A memória frágil – Lembrar rápido para esquecer depressa

ATKINSON, R.; SHIFFRIN, R. The control of short-term memory. In: ATKINSON, R. (ed.). **Psychology in Progress.** São Francisco: W.H. Freeman, 1971.

BLÉ, R.G. Communication and collective memory. **Journal of African Media Studies**, v. 3 (1), 2011, p. 89-108.

DERRIDA, J. **Mal de arquivo**. São Paulo: Escuta, 2006.

ESPINOSA, B. **Ética**. Lisboa: Relógio d'Água, 1998.

HOLBWACHS, M. **A memória coletiva**. São Paulo: Revista dos Tribunais, 1990.

JELIN, E. **La lucha por el pasado**. Buenos Aires: Siglo XXI, 2019.

LETT, D. **Un procès de canonisation au Moyen Âge**. Paris: PUF, 2008.

LOWENTHAL, D. **The past is a foreing country**. Cambridge: CUP, 1988.

MBEMBE, A. **Crítica da razão negra**. Lisboa: Antígona, 2014.

ROSA, A.P. Iconoclasmo midiático. **Brazilian Journalism Research**, v. 7, n.1, p. 130-148, 2011.

SARLO, B. **Tiempo pasado**. Buenos Aires: Siglo XXI, 2016.

SCHLINDWEIN-ZANINI, R. Cansaço ou doença? **Mente & Cérebro**, 285, p. 70, out./2016.

SCOTT, J.; ZAC, L. Collective memories in Britain and the United States. **Public Opinion Quarterly**, v. 57, n. 1, 1993, p. 315-331.

9 Datas, símbolos e feriados – A velocidade dos rituais do tempo

COHEN, E.F. **The political value of time**. Cambridge: CUP, 2018.

LANGDON, E.J.; PEREIRA, É.L. **Rituais e performances**. Florianópolis: Ed. UFSC, 2012.

LEVI-STRAUSS, C. **Antropologia estrutural I**. Rio de Janeiro: Tempo Brasileiro, 1996.

RIVERA CUSICANQUI, S. **Sociologia de la imagen**. Buenos Aires: Tinta Limón, 2018.

VAN GENNEP, A. **Os ritos de passagem**. Petrópolis: Vozes, 1978.

Conclusão – Alternativas para mudar?

BATISTA, M.K. et al. *Slow Movement*: trabalho e experimentação na modernidade líquida. **Psicologia & Sociedade**, v. 25, n. 1, 2013, p. 30-39.

BOFFEU, D. Belgian civil servants given legal right to disconnect from work. **The Guardian**, 31/01/2022. Disponível em https://

www.theguardian.com/world/2022/jan/31/belgian-civil-servants-given-legal-right-to-disconnect-from-work

GARCIA, V.R. **Ordem cultural e ordem natural do tempo**. São Paulo: Cisc, 2001.

GLEICK, J. How the world got faster. **The Guardian**, 09/09/2000. Disponível em https://www.theguardian.com/books/2000/sep/09/features.weekend

LIANG, L.-H. The psychology behind "revenge bedtime procrastination". **BBC Worklife**, 25/11/2020. Disponível em https://www.bbc.com/worklife/article/20201123-the-psychology-behind-revenge-bedtime-procrastination

MACHADO, H.J. **Performances do tempo: o fênomeno da aceleração na contemporaneidade a partir de uma leitura do movimento *slow***. Rio de Janeiro: UFRJ, 2019 (Mestrado em Ciências Sociais).

ROVAROTO, I. Portugal proíbe chefe de mandar mensagem fora do horário de trabalho. **Exame.com**, 10/11/2021. Disponível em https://exame.com/carreira/portugal-proibe-mensagem-fora-horario-trabalho/

TERUEL, A. França reconhece direito de se desconectar do trabalho. **El País Brasil**, 04/01/2017. Disponível em https://brasil.elpais.com/brasil/2017/01/03/economia/1483440318_216051.html

2) Referências literárias

ALMEIDA, C. **Quando fronteira**. São Paulo: Patuá, 2019.

ALTMEYER, D. **O amor errado mais certo do mundo**. Rio Grande: Concha, 2017.

BLASINA, J. **8 horas por dia**. Rio Grande: Concha, 2017.

BRAGA, P. **Arte contemporânea: modos de usar.** São Paulo: Elefante, 2021.

COLLIN, L. **Peça intocada**. Curitiba: Arte & Letra, 2017.

ELLIOT, T.S. **Crime na catedral – Quatro Quartetos**. São Paulo: Delta, 1970.

FARIAS, D. **Bedroom Pop**. São Paulo: Primata, 2020.

LEITE, S.U. **A regra secreta**. São Paulo: Landy, 2002.

LEMINSKI, P. **Distraídos venceremos**. São Paulo: Brasiliense, 1987.

RIBEIRO, A.E. **Álbum**. Belo Horizonte: Relicário, 2018.

RODRIGUES, F.E. **Aquilo que a gente não diz**. São Paulo: Patuá, 2020.

RÜSCHE, A. **Do amor**. São Paulo: Quelônio, 2018.

VELOSO, C.P. **Cartografia do silêncio**. São Paulo: Patuá, 2019.

3) Bibliografia geral

ADAM, B. The timescales challenge: engagement with the invisible temporal. In: EDWARDS, R. (org.). **Research lives through time**. Timescape Working Papers Series n. 1, 2008, p. 7-12.

ADERALDO, C.V.; AQUINO, C.A.; SEVERIANO, M.F. Aceleração, tempo social e cultura do consumo. **Cadernos Ebape**, v. 18, n. 2, abr.-jun./2020, p. 1-15.

AGLIARDI, M.V. **A expansão da experiência: estudo sobre a formação de filas antecipadas em eventos.** Porto Alegre: UFRGS, 2017 (Mestrado em administração).

BARROS, J.D'A. **O tempo dos historiadores**. Petrópolis: Vozes, 2019.

BERGMANN, W. The Problem of Time in Sociology: An Overview of the Literature on the State of Theory and Research on the "Sociology of Time". **Time & Society**, v. 8, n. 1, 1992, p. 81-95.

BERGSON, H. **Matéria e memória**. São Paulo: Martins Fontes, 2005.

BONMATI-CARRION, M.-A. et al. Living Without Temporal Cues: A Case Study. **Frontiers in Physiology**, v. 11, n. 1, fev./2020, p. 1-20.

BOURDIEU, P. **O desencantamento do mundo**. São Paulo: Perspectiva, 2021.

BURDICK, A. **Por que o tempo voa**. São Paulo: Todavia, 2020.

BURNETT, A.; DiTUNNIARELLO; DeGREEF, B. "I'm on a rollercoaster": women's social construction of time. **Communication Studies**, v. 71, n. 1, 2020, p. 148-166.

CHRISTIAN, A. How working unpaid hours became part of the job. **BBC Worklife**, 18/10/2021. Disponível em https://www.bbc.com/worklife/article/20211013-how-working-unpaid-hours-became-part-of-the-job

COHEN, A.; BOUDANA, S.; FROSH, P. You must remember this: iconic news photographs and collective memory. **Journal of Communication**, v. 68, n. 1, 2018, p. 453-479.

COSTA, F.S. Street names, politics of memory and social debate in Republican Barcelona. **Catalan Journal of Communication and Cultural Studies**, v. 4, n. 1, 2012, p. 1-15.

CRISTIANO, J. Para una precisión sociológica del concepto de *aceleración social.* **Estudios sociológicos**, v. 28, n. 1, 2020, p. 1-15.

DEGENNE, A.; LEBEAUX, M.-O.; MARRY, C. Les usages du temps: cumuls d'activités et rythmes de vie. **Economie et Statistique**, v. 1, n. 352-353, 2002, p. 1-15.

DOMINGUES, J. Gerações, modernidade e subjetividade. **Tempo Social**, n. 14 (1), mai./2002, p. 67-89.

ELIAS, N. **Sobre o tempo**. Rio de Janeiro: Zahar, 2011.

FARIA, J.H.; RAMOS, C.L. Tempo dedicado ao trabalho e tempo livre. **Revista de Administração Mackenzie**, v. 15, n. 4, jul.-ago./2014, p. 47-74.

FEIXA, C.; LECCARDI, C. O conceito de geração nas teorias sobre juventude. **Sociedade & Estado**, v. 25, n. 2, mai.-ago./2010, p. 185-201.

FERREIRA, I.A. A cidade no fluxo do tempo. **Sociologias**, ano 5, n. 9, jan.-jun./2003, p. 314-339.

FLETCHER, J. The worrying effects of working more and sleeping less. **BBC Worklife**. Disponível em https://www.bbc.com/worklife/article/20170707-the-worrying-effects-of-working-more-and--sleeping-less

FONTOURA, N.F.; ARAÚJO, C.; BAJARAS, M.P.L. **Uso do tempo e gênero**. Rio de Janeiro: Uerj, 2016.

FOSTER, R.; KREITZMAN, L. **Circadian Rhythms**. Oxford: OUP, 2017.

GALER, S.S. How much is "too much time" on social media? **BBC Future**. Disponível em https://www.bbc.com/future/article/20180118-how-much-is-too-much-time-on-social-media.

HASSAN, R. Globalization and the "Temporal Turn": Recent Trends and Issues in Time Studies. **The Korean Journal of Policy Studies**, v. 25, n. 2, 2010, p. 83-102.

HOLFORD-STREVENS, L. **The history of time**. Oxford: OUP, 2005.

HOWLETT, M.; GOETZ, K.H. Introduction: time, temporality and timescapes in administration and policy. **International Review of Administrative Sciences**, v. 80, n. 3, 2014, p. 477-492.

HSU, E.L.; ELLIOTT, A. Social acceleration theory and the Self. **Journal for the Theory of Social Behaviour**, v. 45, n. 4, 2014, p. 397-418.

HUBERT, H. **Estudo da representação do tempo na religião e na magia**. São Paulo: Edusp, 2016.

IGLESIAS, F.; GÜNTHER, H. A espera na vida urbana: uma análise psicossocial das filas. **Psicologia em Estudo**, v. 14, n. 3, jul.--set./2009, p. 537-545.

JAMESON, F. O fim da temporalidade. ***Art*Cultura**, v. 13, n. 22, jan.-jun./2011, p. 187-206.

LAHIRE, B. La fabrication sociale des individus: cadres, modalités, temps et effets de socialisation. **Educação e Pesquisa**, v. 41, n. esp., dez./2015, p. 1.393-1.404.

LLOYD, J. It's time to listen to our body clock. **Science Focus**, 04/09/2019. Disponível em https://www.sciencefocus.com/the-human-body/its-time-to-listen-to-our-body-clock/

LOCKLEY, S.; FOSTER, R.G. **Sleep**. Oxford: OUP, 2012.

LOUZADA, F.; MENNA-BARRETO, L. **O sono na sala de aula**. Rio de Janeiro: Vieira & Lent, 2007.

MACHADO, J. Reflexões sobre o tempo social. **Kairós**, v. 15, n. 6, dez./2012, p. 11-22.

MACRUZ, L. **Andrômeda sob os pés**. São Paulo: Primata, 2017.

MANN, L. Queue culture: the waiting line as a social system. **American Journal of Sociology**, v. 45, n. 3, nov./1969, p. 340-354.

MARTINO, L.M.S. **10 lições sobre Goffmann**. Petrópolis: Vozes, 2021.

MARX, K. **O capital**. São Paulo: Civilização Brasileira, 2004.

MARX, K. **Grundrisse**. São Paulo: Boitempo, 2011.

MARX, K.; ENGELS, F. **Manifesto do Partido Comunista**. Petrópolis: Vozes, 2006.

MAUGER, G. Juventude: idades da vida e gerações. **Dados**, v. 56, n. 1, 2013, p. 169-183.

McTAGGART, E.; McTAGGART, J. A irrealidade do tempo. **Kriterion**, v. 1, n. 130, dez./2014, p. 747-764 (Publicado originalmente em **Mind**, 17 (68), out./1908, p. 457-474).

MEDEIROS, M.; PINHEIRO, L.S. Desigualdades de gênero em tempo de trabalho pago e não pago no Brasil, 2013. **Sociedade e Estado**, v. 33, n. 1, jan.-abr./2018, p. 161-182.

MOTTA, A.B. A atualidade do conceito de gerações na pesquisa sobre o envelhecimento. **Sociedade & Estado**, v. 25, n. 2, mai.-ago./2010, p. 1-15.

MOTTA, A.B.; WELLER, W. A atualidade do conceito de geração na pesquisa sociológica. **Revista Sociedade e Estado**, v. 25, n. 2, mai.-ago./2010, p. 175-184.

MOURÃO, V.L.A. Temporalização do espaço social: apontamentos para uma sociologia do tempo. **Ciências Sociais Unisinos**, v. 52, n. 2, jan.-abr./2016, p. 69-79.

MUSSE, R. A administração do tempo livre. **Lua Nova**, v. 99, n. 1, 2016, p. 107-134.

NEUBERT, L.F. et al. Estratificação e usos do tempo. **Civitas**, v. 16, n. 2, abr.-jun./2016, p. 110-125.

PAULA, M.F. Os idosos de nosso tempo e a impossibilidade da sabedoria no capitalismo atual. **Serviço Social e Sociedade**, v. 126, n. 1, mai.-ago./2016, p. 262-280.

PILCHER, J. Mannheim's sociology of generations: an undervalued legacy. **The British Journal of Sociology**, v. 45, n. 3, 1994, p. 481-495.

PINHEIRO FILHO, F.A. Tempo de sociologia e sociologia do tempo entre os durkheimianos. **Teoria e Pesquisa**, v. 1, n. 46, jan./2005, p. 141-166.

POULICHET, S. **O tempo na psicanálise**. Rio de Janeiro: Zahar, 1996.

RAMOS, D.P. Pesquisas de usos do tempo: um instrumento para aferir as desigualdades de gênero. **Estudos Feministas**, v. 3, n. 17, set.-dez./2009, p. 312-320.

SANDHANA, L. How to escape the tyranny of the clock. **BBC Future**, 08/03/2020. Disponível em https://www.bbc.com/future/article/20200306-how-to-live-without-time

SARMENTO, M.J. Gerações e alteridade: interrogações a partir da sociologia da infância. **Educação e Sociedade**, v. 26, n. 91, mai.-ago./2005, p. 361-378.

SCOTT, P. Gerações e famílias: polissemia, mudanças históricas e mobilidade. **Sociedade & Estado**, v. 25, n. 2, mai.-ago./2010, p. 1-15.

SILVA, J.P. Tensão entre tempo social e tempo individual. **Tempo Social**, v. 21 (1) 2007, p. 23-37.

SILVA, N.L. O tempo social de Norbert Elias. **Mneme**, v. 11, n. 27, 2010, p. 1-12.

SOROKIN, P..; MERTON, R.K. Social time: a methodological and functional analysis. **American Journal of Sociology**, v. 42, n. 5, mar./1937, p. 615-629.

ŠUBRT, J. Social Time, Fact or Fiction? **Sociology and Anthropology**, v. 7, n. 3, 2015, p. 335-341.

SUE, R. Sociologie des temps sociaux. **Revue Française de Pédagogie**, v. 104 (1), 1993, p. 61-72.

TENENBOIM-WEINBLATT, K. Bridging Collective Memories and Public Agendas: Toward a Theory of Mediated Prospective Memory. **Communication Theory**, v. 23, n. 1, 2013, p. 91-111.

THOMPSON, E.P. **Costumes em comum**. São Paulo: Companhia das Letras, 2009.

TRIVINHO, E. **A dromocracia cibercultural**. São Paulo: Paulus, 2006.

TURNER, V. **O processo ritual**. Petrópolis: Vozes, 1973.

WAJCMAN, J. Life in the fast lane? **The British Journal of Sociology**, v. 59, n. 1, 2008, p. 59-76.

WEBER, M. **A ética protestante e o espírito do capitalismo**. São Paulo: Pioneira, 1997.

WELLER, W. A atualidade do conceito de geração em Karl Mannheim – 29º Encontro da Anpocs. Caxambu: **Anais...** 25-29/10/2005.

Conecte-se conosco:

facebook.com/editoravozes

@editoravozes

@editora_vozes

youtube.com/editoravozes

+55 24 99267-9864

www.vozes.com.br

Conheça nossas lojas:

www.livrariavozes.com.br

Belo Horizonte – Brasília – Campinas – Cuiabá – Curitiba
Fortaleza – Juiz de Fora – Petrópolis – Recife – São Paulo

Vozes de Bolso

EDITORA VOZES LTDA.
Rua Frei Luís, 100 – Centro – Cep 25689-900 – Petrópolis, RJ
Tel.: (24) 2233-9000 – E-mail: vendas@vozes.com.br